वाचिकता
आदिवासी दर्शन, साहित्य और सौन्दर्यबोध

वाचिकता

आदिवासी दर्शन, साहित्य और सौन्दर्यबोध

वंदना टेटे

राधाकृष्ण प्रकाशन

ISBN : 978-81-8361-947-9

पहला संस्करण : 2020
दूसरा संस्करण : 2024

मूल्य : ₹595

प्रकाशक
राधाकृष्ण प्रकाशन प्राइवेट लिमिटेड
जी-17, जगतपुरी, दिल्ली-110 051
शाखाएँ : अशोक राजपथ, साइंस कॉलेज के सामने, पटना-800 006
पहली मंजिल, दरबारी बिल्डिंग, महात्मा गांधी मार्ग, प्रयागराज-211 001
1, अनमोल सोराबजी संतुक लेन, धोबी तलाव, मरीन लाइंस, मुम्बई-400 002
वेबसाइट : www.radhakrishnaprakashan.com
ई-मेल : info@radhakrishnaprakashan.com

मुद्रक
विकास कंप्यूटर एंड प्रिंटर्स
ट्रॉनिका सिटी-201 102

VAACHIKATA
Adivasi Darshan, Sahitya aur Saundarayabodh
(Criticism) Adivasi worldview by Vandna Tete

आदिवासी दर्शन और साहित्य की
प्रखर अभिव्यक्ति
माँ रोज केरकेट्टा
के लिए

क्रम

हम थे, हम हैं और हम रहेंगे ही...

एक लम्बे संघर्ष के बाद, देर से ही सही, आखिरकार आदिवासी दर्शन और साहित्य अब लोगों के विमर्श में शामिल है। जल, जंगल और जमीन की लड़ाई के साथ जुड़े और खड़े आदिवासी लेखकों व एक्टिविस्टों की पुरानी और नई, दोनों पीढ़ियों ने अपने सशक्त बौद्धिक हस्तक्षेप से आदिवासी दर्शन के उस मूल बुनियादी सांस्कृतिक सवाल को वृहत्तर भारतीय समाज व राजनीति के सामने ला खड़ा किया है जिसे आर्थिक सवालों की आड़ में अब तक लगातार पीछे धकेला जा रहा था। भारतीय समाज में वर्चस्व बनाये रखने और सत्ता पाने के लिए संघर्षरत तीनों शक्तियों—वामपंथी, दक्षिणपंथी और मध्यमार्गी—के राजनीतिक दर्शन में मूल रूप से 'अर्थ' ही प्रमुख रहा है। अपने इसी दर्शन के मुताबिक आदिवासियों के 'जल, जंगल, जमीन' की सामुदायिक लड़ाई, जो वस्तुत: सत्ता के लिए संघर्ष नहीं है, को वे लोग आर्थिक वर्चस्व और सत्ता की लड़ाई के बतौर पेश करते रहे हैं और मूल ऐतिहासिक-सांस्कृतिक (दार्शनिक) संघर्ष को नकारते रहे हैं, जबकि दुनिया-भर के गैर-आदिवासी समाजों के धाार्मिक, मिथकीय और पुरा-इतिहास ग्रंथ दो संस्कृतियों (आर्य-अनार्य) के टकराव से भरे पड़े हैं। आदिवासी दर्शन को नकारने के पीछे उनकी राजनीतिक मंशा यही है कि आदिवासियों के पास अपना कोई जीवन-दर्शन नहीं है। वह आदिम और एक पिछड़ा हुआ समाज है। इस प्रकार अन्तत: दो संस्कृतियों अथवा दो दर्शनों के संघर्ष में वे चाहे वामपंथी, दक्षिणपंथी या मध्यमार्गी हों, सब-के-सब एक ही पाले में खड़े हैं—अलग-अलग झंडों और अलग-अलग नारों के साथ, परन्तु एक ही धर्म-ध्वजा (हिन्दू, मुस्लिम, ईसाई) के तले।

कहने को विभिन्न 'वाद', पर वास्तविकता में एक ही धर्म-दर्शन वाले बहुसंख्यक और इस एकांगी वर्चस्ववाद के राजनीतिक परिदृश्य में आदिवासी

दर्शन की ऐतिहासिक प्रासंगिकता को मुख्य रंगमंच पर ले आ पाना आसान काम नहीं था। वह भी तब, जब न तो पत्र-पत्रिकाओं में, न टीवी चैनलों में और न ही मीडिया के अन्य माध्यमों में—कहीं भी आदिवासी लेखकों व सृजनधर्मियों के लिए कोई जगह नहीं है। अत: इस बौद्धिक मेहनत और संघर्ष के लिए जमीनी स्तर पर सक्रिय आदिवासियों के देशभर के संगठन, लेखक, एक्टिविस्ट और इनका साथ दे रही परिवर्तनकामी जनता—सभी लोग हूल जोहार के हकदार हैं। यहाँ उन आदिवासी युवाओं व प्राध्यापकों का विशेष तौर पर उल्लेख जरूरी है जिन्होंने सोशल मीडिया और समय-समय पर देश के अनेक विश्वविद्यालयों में हुए आदिवासी विषयक सेमिनारों में आदिवासी दर्शन के देशव्यापी प्रसार में सक्रिय और सार्थक भूमिका निभाई। हमें इस बात की भी खुशी है कि 'झारखंडी भाषा साहित्य-संस्कृति अखड़ा' संगठन और पत्रिका ने देशभर के वरिष्ठ व युवा आदिवासी लेखकों व संस्कृतिकर्मियों के सहयोग से आदिवासी दर्शन के आलोक में आदिवासी साहित्य और सवालों को पुन:परिभाषित व पुन:स्थापित किया और अब जिसे दिल्ली से प्रकाशित 'आदिवासी साहित्य' पत्रिका आगे ले जाने की तैयारी में है।

आदिवासी दर्शन व साहित्य पर 'आदिवासी साहित्य : परम्परा और प्रयोजन' और 'आदिवासी दर्शन और साहित्य' के बाद हमारी यह तीसरी पुस्तक है। अपनी इस नई पुस्तक में हमने पुरखा-दृष्टि (आदिवासियत/आदिवासी विश्वदर्शन) से आदिवासी समाज, दर्शन और साहित्य के विविध पहलुओं पर विभिन्न अवसरों-सेमिनारों में दिये गए वक्तव्यों और इधर-उधर प्रकाशित लेखों को संगृहीत किया है। इसमें कुछ बिलकुल नये आलेख जुड़े हैं तो कुछ पुराने लेखों का संशोधन भी किया है।

उम्मीद है, इससे आदिवासी समाज और साहित्य को लेकर शुरू हुआ विमर्श आदिवासी दर्शन की अगुवाई में निरन्तर सुस्पष्ट और सुगठित होता जाएगा।

हम आभारी हैं अपने पुरखों के, शहीदों के और बीत चुके कल, आज व आनेवाले कल के लड़ाकों के, जो आदिवासियत के लिए, आदिवासी दर्शन वाली सत्तारहित सामुदायिक जीवन-व्यवस्था के लिए और दूसरे शब्दों में कहें तो समूची विश्व-मानवता व सृष्टि के रचाव-बचाव के लिए कभी पीछे नहीं हटे। किसी भी कालखंड में समर्पण नहीं किया। अनवरत सृजनरत और संघर्षरत रहे। इस विश्वास के साथ कि—

'हम थे, हम हैं और हम रहेंगे ही...'

—वंदना टेटे

विश्व आदिवासी दिवस
9 अगस्त, 2017

आदिवासी दर्शन और साहित्य

वेबर ने 'हिस्ट्री ऑफ फिलॉसफी' में कहा है : 'दर्शन विश्व तथा जीवन को उनकी समग्रता में समझने का एक प्रयास है।' इसका अर्थ उस जिज्ञासा और ज्ञानपिपासा से है जिसके तहत मनुष्य स्वयं को और दुनिया को जानने-समझने की चिरन्तन कोशिश करता रहा है। पाश्चात्य दर्शन इसी मूल प्रवृत्ति के कारण खोज और वैज्ञानिक तर्कपद्धति का अनुसरण करता है जबकि भारतीय दर्शन बौद्धिकता एवं वैज्ञानिकता की बजाय सांसारिक दु:खों से मोक्ष पाने के लिए आध्यात्मिकता की राह पकड़ता है।

'भारतीय दर्शन का प्रारम्भ मात्र जिज्ञासा से नहीं हुआ है। इसका प्रारम्भ एक व्यावहारिक समस्या से हुआ है और वह समस्या है—जीवन तथा जगत में व्याप्त असीम दु:ख से छुटकारा पाना।...एक पद्धति भेद में भी है। पाश्चात्य दर्शन की पद्धति मुख्यत: बौद्धिक है। इसमें बौद्धिक तर्क-वितर्क, विचार-विमर्श के द्वारा यह समझने की चेष्टा की जाती है कि विश्व तथा जीवन का मौलिक स्वरूप क्या है। परन्तु भारतीय दर्शन की पद्धति (परम सत्ता से) साक्षात्कार (प्रत्यक्ष अनुभव) की पद्धति है। विश्व को समझने की चाहे जो भी पद्धति हो और उसका जो भी लक्ष्य हो, इतना स्पष्ट मालूम पड़ता है कि विश्व और जीवन के स्वरूप को समझने के प्रयास को ही पारम्परिक रूप में भारतीय तथा पाश्चात्य, दोनों ही मतों में दर्शन माना गया है।'[1] जीवन, समाज और विश्व को जानने व समझने के इस मानवीय उपक्रम—बौद्धिक अन्वेषण एवं विमर्श—को ही 'विश्वदृष्टि' की संज्ञा दी जाती है।

(क) भारतीय साहित्य और दर्शन

संस्कृत साहित्य के काल में सर्वप्रथम 'नाट्यशास्त्र' में और बाद में 'काव्यशास्त्र' में हमें दर्शन और साहित्य के अन्त:सम्बन्ध गुंफित दिखाई देते हैं और सुविचारित

रूप से प्रकाशित भी। धर्म, अर्थ, काम और मोक्ष भारतीय दर्शन की आधारशिला हैं जिसे दार्शनिकों और लेखकों ने 'सत्यम् शिवम् सुन्दरम्' के रूप में उद्घाटित व स्थापित किया है। यह दोहराने की आवश्यकता नहीं कि समाज का जो दर्शन होता है, वही उस समाज के सभी उपक्रमों का भी दर्शन होता है। इसीलिए संस्कृत से लेकर हिन्दी तक के दार्शनिकों, समाजविज्ञानियों और आचार्यों व आलोचकों ने साहित्य के सौन्दर्यबोध अथवा दर्शन—'लोकमंगल की कामना', 'वसुधैव कुटुम्बकम', 'सर्वजन हिताय बहुजन सुखाय'—को स्वीकार किया है। चिन्तन-विचार के ये सारे भारतीय सूत्र 'सत्यम् शिवम् सुन्दरम्' में समाहित हैं।

'भारतीय संस्कृति विश्व की प्राचीनतम संस्कृति है। इसका मूलाधार वैदिक संस्कृति है। यह जन्मी तो एक स्रोत से है, परन्तु इसमें विश्व की अनेक संस्कृतियाँ समाहित होती गई हैं। आध्यात्मिकता, प्राचीनता, अविच्छिन्नता, विश्वकल्याण की भावना, विविधता में एकता आदि भारतीय संस्कृति की मौलिक विशेषताएँ हैं। भारतीय संस्कृति उन आस्थाओं पर विशेष बल देती है, जो मनुष्य को कर्तव्य-अकर्तव्य को समझने की अन्तर्दृष्टि देने में सक्षम होती है। भारतीय संस्कृति मानवीय मूल्यों की संस्थापक है। उसमें एकमात्र मानव-मंगल की कामना की गई है। उसने एकता में अनेकता और अनेकता में एकता स्थापित करके इसी मानव-मंगल को परिमंडित किया। सत्यम् शिवम् सुन्दरम् उसके शाश्वत तत्त्व हैं। दर्शन में उसके सत्य रूप का, नीति में उसके शिव रूप का और साहित्य एवं कला में उसके सुन्दर रूप का ही दिग्दर्शन हुआ है। 'वसुधैव कुटुम्बकम' आदि अनेक गौरवपूर्ण तत्त्वों से युक्त भारतीय संस्कृति विश्व की विलक्षण संस्कृति है।...साहित्य में मनुष्यता के समान धरातल खोजते हुए उन शाश्वत तत्त्वों का साक्षात्कार करना होता है, जिन पर संस्कारों के तथ्य जुटाकर संस्कृति-प्रासाद खड़ा हुआ है। इसीलिए साहित्य संस्कृति का निर्माणकर्ता है।'[2]

अतः मोक्ष के लिए लौकिक ज्ञान के साथ-साथ अलौकिक परम सत्ता से साक्षात्कार भारतीय दर्शन (जिसे ज्ञान-मीमांसा और तत्त्व-मीमांसा कहा गया है) का मूल है। इसी दार्शनिक अवधारणा को 'सत्यम् शिवम् सुन्दरम्' के रूप में सूत्रबद्ध किया गया है जो भारतीय साहित्य का केन्द्रीय दर्शन है।

(ख) पाश्चात्य साहित्य और दर्शन

पाश्चात्य दर्शन मूलतः यूनानी दर्शन है जिसे पहली बार सैद्धान्तिक रूप में प्रतिपादित करने का श्रेय दार्शनिक प्लेटो को है। परन्तु थेलिज यूनान के पहले दार्शनिक हैं

जिन्होंने ईसा से छठी शताब्दी पूर्व सर्वप्रथम दर्शन को रेखांकित किया था। उनकी मान्यता है कि 'विश्व का परमतत्त्व जल है'। प्लेटो ने स्थापित किया कि 'दर्शन का उद्‌देश्य अनंत का तथा वस्तुओं के वास्तविक स्वरूप का ज्ञान प्राप्त करना है।' उसके शिष्य अरस्तू ने नई स्थापना दी और कहा : 'दर्शन वह विज्ञान है जो परमतत्त्व के यथार्थ स्वरूप की खोज करता है।'[3] 'यूनानी दार्शनिक पाइथागोरस ने सबसे पहले 'दर्शन' शब्द को प्रचलित किया था। बड़ी नम्रतापूर्वक वह अपने-आपको 'फिलॉसफर' अर्थात् ज्ञान का प्रेमी कहता था।'[4]

पाश्चात्य चिन्तन में प्रधान साहित्यिक बिंदु-अनुकृति, रूप-सौष्ठव, कल्पना, सौन्दर्य और अभिव्यंजना हैं। प्रथम दो साहित्य समीक्षा में विकसित हैं और अन्तिम दो पाश्चात्य दर्शन की शाखा—सौन्दर्यशास्त्र की देन हैं।[5] पाश्चात्य साहित्य की मुख्य तीन प्रवृत्तियों से—क्लासिकल, रोमांटिक और यथार्थवादी सिद्धान्तों से—अनेक कला एवं काव्य-सम्बन्धी नई मान्यताओं का प्रचार हुआ है। पाश्चात्य सिद्धान्त-चर्चा के क्रम में आत्मवादी (सब्जेक्टिव) या प्रत्ययवादी (आइडियलिस्ट), और वस्तुवादी (ऑब्जेक्टिव) या अनुभववादी (एम्पिरिकल)—दो विरोधी प्रतीत होनेवाली जीवन-दृष्टियाँ मिलती हैं। यह अलग बात है कि ये प्रवृत्तियाँ सदा स्पष्ट तथा सुनिश्चित नहीं रही हैं।[6]

आधुनिक काल में पाश्चात्य दार्शनिक हीगल ने 'सत्य और बौद्धिक तत्त्व को एक घोषित किया। जो कुछ सत्य है, वह बौद्धिक है और जो कुछ बौद्धिक है, वह सत्य है'—यह कहकर हीगल बौद्धिकता को महत्त्व देता है और अपने निरपेक्ष वस्तुगत अध्यात्मवाद में निरपेक्ष ईश्वरीय मनस को परमतत्त्व कहकर प्रकृति और मानव को भी उसी की उपज बतलाता है।[7] अमेरिकी दार्शनिक विलियम जेम्स के मतानुसार, जो विश्वास जीवन-व्यवहार में सहायक सिद्ध हो, वह सत्य है। जो बाधक हो, वह असत्य है। इस प्रकार मनुष्य सत्य और सुन्दर पाश्चात्य दर्शन का मूलाधार है और पाश्चात्य साहित्य इसी दर्शन का वाहक है।

(ग) मार्क्सवादी साहित्य और दर्शन

मार्क्सवादी साहित्य के दर्शन का आधार मार्क्स, एंगेल्स, लेनिन और माओ द्वारा प्रतिपादित विचारधारा है। 'मार्क्सवादी दर्शन 'शाश्वत सत्य' की धारणा को अस्वीकार करता है। वह सत्य को ऐतिहासिक विकास-क्रम में देखता है।'[8] इसीलिए मार्क्स कहते हैं : 'अगर हमें भौतिकवाद को आगे बढ़ाना है तो हमें 'शाश्वत सत्य' जैसे

शब्दों के साथ खिलवाड़ बन्द कर देना चाहिए। सापेक्ष और निरपेक्ष सत्य का सम्बन्ध क्या है, हमें इस सवाल को द्वंद्वात्मक ढंग से पेश करना और उसका जवाब देना चाहिए।'[9]

विश्वप्रसिद्ध मार्क्सवादी लेखक मैक्सिम गोर्की के अनुसार, मार्क्सवादी साहित्य के दर्शन का मतलब है—सर्वहारा अर्थात् श्रमिक वर्ग की भौतिक और आत्मिक शक्ति। साधारण मनुष्य और उसकी मनुष्यता की शक्ति। गोर्की कहते हैं : 'जनसाधारण सिर्फ वह शक्ति ही नहीं है, जिसने तमाम भौतिक मूल्यों का निर्माण किया है, बल्कि वह आत्मिक (स्प्रिचुअल) मूल्यों का एकमात्र और अक्षय स्रोत भी है। कला, सौन्दर्य और प्रतिभा के मानदंड से, वही समष्टि रूप में सबसे पहले और अग्रतम दार्शनिक और कवि है।'[10]

रामविलास शर्मा के शब्दों में कहें तो मार्क्सवादी साहित्य अथवा प्रगतिशील साहित्य का दर्शन या 'सौन्दर्य का स्रोत जनता है। समाज के भीतर जो जीर्ण और मरणशील तत्त्व हैं, जो जीवंत और उदीयमान तत्त्व हैं, इनसे बाहर सुन्दर-असुन्दर की सत्ता नहीं है। जो जीवित और उदीयमान हैं, उनके लिए सुन्दरता सत्य में है, मृत्यु को जीतने में है। अज्ञान, अत्याचार और अन्याय की दुनिया को दफनाने में है। सुख और शान्ति के उज्ज्वल भविष्य की ओर बढ़ने में है।'[11]

ई.एम.एस. नम्बूदरीपाद बहुत ही प्रबुद्धता से कहते हैं : 'द्वंद्वात्मक भौतिकवाद का दर्शन, जिसे मार्क्स और एंगेल्स ने विकसित किया था, विज्ञान, प्रौद्योगिकीय, धर्म, दर्शन इत्यादि के साथ-साथ कला और साहित्य के स्रोतों का भी दिशा-निर्देश करता है।'[12] यानी मार्क्सवादी या प्रगतिशील साहित्य का दर्शन द्वंद्वात्मक भौतिकवाद का ही दर्शन है।

(घ) दलित साहित्य और दर्शन

दलित साहित्यकारों और सिद्धान्तकारों के अनुसार, महात्मा फुले की वैचारिकी और अम्बेडकर की राजनीति ही दलित जीवन का आदर्श और दलित साहित्य का दर्शन है। मराठी के दलित लेखक और चिन्तक शरणकुमार लिंबाले लिखते हैं : 'दलित साहित्य में 'दलित चेतना' संघर्ष से नाता रखनेवाली क्रान्तिकारी मानसिकता है। मनुष्य को केन्द्र मानकर जाति-व्यवस्था के विरुद्ध विरोध करनेवाली यह प्रतीति है। इस चेतना की प्रेरणा अम्बेडकरी सोच है। दलित चेतना गुलाम को गुलामी से अवगत करा देती है। दलित चेतना दलित साहित्य का महत्त्वपूर्ण जनबीज है।'[13]

हिन्दी के दलित चिन्तक और साहित्यकार ओमप्रकाश वाल्मीकि के अनुसार : 'स्वतंत्रता केवल राजनीतिक ही नहीं होती; धार्मिक, आर्थिक और सामाजिक भी होती है। इसीलिए दलित साहित्य की अन्तर्निहित धारा में स्वतंत्रता का भाव प्रधान रूप में विद्यमान है। समता, बन्धुता और स्वतंत्रता की चेतना-जैसे मूल तत्त्वों पर दलित साहित्य का सौन्दर्यशास्त्र टिका हुआ है। दलित साहित्य जातिप्रथा के दासत्व और दलितत्व से मानवीय मुक्ति का आन्दोलन है—एक मुक्ति-संघर्ष।'[14] लेकिन इसी के साथ वे यह भी कहते हैं : 'प्रकृति की तरह साहित्य, समाज और चिन्तन भी परिवर्तनशील है। ऐसा कोई भी शाश्वत सिद्धान्त नहीं है, जिसके आधार पर सौन्दर्य-मूल्य निर्धारित किये जा सकें।'[15]

डॉ. सी.बी. भारती दलित साहित्य के दर्शन को सूत्रबद्ध करते हुए कहते हैं : 'दलित साहित्य के सौन्दर्य में काल्पनिक रोमांटिक रंगीनियाँ नहीं, अपितु घटनाओं का खुरदुरापन अपने यथार्थ रूप में प्रस्फुटित होता है।'[16]

'स्वातंत्र्य की भावना दलित साहित्य का प्राणतत्त्व तो है ही, पर वह उसमें सौन्दर्य के रूप में भी है। समता, स्वतंत्रता और बन्धुत्व—इन तीनों जीवन-मूल्यों को दलित साहित्य के सौन्दर्य-तत्त्व मान सकते हैं। दलित साहित्य का सौन्दर्यशास्त्र, कलाकारों की सामाजिक प्रतिबद्धता, कलाकृति में जीवन-मूल्य, पाठकों के मन में जाग्रत होनेवाली समता, स्वतंत्रता, न्याय और भ्रातृभाव की चेतना-जैसे मूल तत्त्वों पर टिका रहनेवाला है।'[17]

(ङ) आदिवासी साहित्य और दर्शन

आदिवासी दर्शन प्रकृतिवादी है। आदिवासी समाज धरती, प्रकृति और सृष्टि के ज्ञात-अज्ञात निर्देश, अनुशासन और विधान को सर्वोच्च स्थान देता है। उसके दर्शन में सत्य-असत्य, सुन्दर-असुन्दर, मनुष्य-अमनुष्य जैसी कोई अवधारणा नहीं है, न ही वह मनुष्य को उसके बुद्धि-विवेक अथवा 'मनुष्यता' के कारण 'महान' मानता है। उसका दृढ़ विश्वास है कि सृष्टि में जो कुछ भी सजीव और निर्जीव है, सब समान है। न कोई बड़ा है, न कोई छोटा है। न कोई दलित है, न कोई ब्राह्मण। सब अर्थवान है एवं सबका अस्तित्व एकसमान है—चाहे वह एक कीड़ा हो, पौधा हो, पत्थर हो या कि मनुष्य हो। वह ज्ञान, तर्क, अनुभव और भौतिकता को प्रकृति के अनुशासन की सीमा के भीतर ही स्वीकार करता है, उसके विरुद्ध नहीं। अन्वेषण, परीक्षण और ज्ञान को आदिवासी दर्शन सुविधा

और उपयोगिता की दृष्टि से नहीं देखता, बल्कि धरती, प्रकृति और समस्त जीव-जगत के साथ सहजीवी सामंजस्य और अस्तित्वपूर्ण संगति के बतौर देखता है। मानव की सभी गतिविधियों और व्यवहारों को, समूची विकासात्मक प्रक्रिया को प्रकृति व समष्टि के विरुद्ध नहीं, बल्कि उसके पूरक के रूप में देखता है। उन सबका उपयोग वह वहीं तक करता है, जहाँ तक समष्टि के किसी भी वस्तु अथवा जीव को, प्रकृति और धरती को कोई गम्भीर क्षति नहीं पहुँचती हो। जीवन का क्षरण अथवा क्षय नहीं होता हो। आदिवासी साहित्य इसी दर्शन को लेकर चलता है।

गैर-आदिवासी एवं आदिवासी साहित्य और दर्शन में बुनियादी अन्तर :

गैर-आदिवासी और आदिवासी साहित्य एवं दर्शन पर जब हम नजर डालते हैं, उनकी अवधारणाओं और उनके विविध पहलुओं का अध्ययन करते हैं, तो पाते हैं कि दोनों में संस्कृति के सभी संस्तरों पर अनेक बुनियादी अन्तर हैं। भौतिक एवं अभौतिक जीवन की संकल्पना और अवधारणाएँ, दोनों ही भिन्न हैं और दोनों के बीच गहरा सांस्कृतिक भेद है।

पाश्चात्य दर्शन और साहित्य की अवधारणा है :

विश्व एक जिज्ञासा है और महान बौद्धिक मनुष्य उसका अन्वेषणकर्ता।

भारतीय दर्शन और साहित्य की अवधारणा है :

सभी जीवों में मनुष्य श्रेष्ठ है और परमतत्त्व से साक्षात्कार यानी मोक्ष जिन्दगी का सर्वोच्च लक्ष्य है। सत्यम् शिवम् सुन्दरम् मनुष्यता और सम्पूर्ण विश्व की मूल भावना है।

मार्क्सवादी दर्शन और साहित्य की अवधारणा है :

मनुष्य सर्वश्रेष्ठ चेतनशील प्राणी है और द्वंद्वात्मक भौतिकवाद के जरिये समाजवाद की स्थापना ही मनुष्य के जीवन का महान उद्देश्य है।

दलित दर्शन और साहित्य की अवधारणा है :

फुले और अम्बेडकर की विचारधारा दलित साहित्य का दर्शन है और इसके केन्द्र में महान मनुष्य और उसकी मनुष्यता है। मनुष्य की मुक्ति है।

आदिवासी दर्शन और साहित्य की अवधारणा है :

सृष्टि सर्वोच्च नियामक सत्ता है। सम्पूर्ण सजीव और निर्जीव-जगत तथा प्रकृति—सबका अस्तित्व एकसमान है। मनुष्य का धरती, प्रकृति और सृष्टि के साथ सहजीवी सम्बन्ध है।

सन्दर्भ

1. प्रो. केदारनाथ तिवारी : तत्त्वमीमांसा एवं ज्ञानमीमांसा, मोतीलाल एवं बनारसीदास, पृ. 4-5
2. डॉ. बाबूराम : हिन्दी निबन्ध साहित्य का सांस्कृतिक अध्ययन, वाणी प्रकाशन, 2002, पृ. 119-20
3. चन्द्रधर शर्मा : पाश्चात्य दर्शन, मोतीलाल बनारसीदास, नवम् संस्करण, 1992, दिल्ली, पृ. 2
4. शोभा निगम : पाश्चात्य दर्शन के सम्प्रदाय, मोतीलाल बनारसीदास, दिल्ली, पृ. 1
5. एस.टी. नरसिंहाचारी : साहित्यिक अभिरुचि और समीक्षा, वाणी प्रकाशन, 2008, पृ. 23
6. निर्मला जैन : काव्य चिन्तन की पश्चिमी परम्परा, वाणी प्रकाशन, 2006, पृ. 7
7. शोभा निगम : पाश्चात्य दर्शन के सम्प्रदाय, मोतीलाल बनारसीदास, दिल्ली, पृ. 13
8. रामविलास शर्मा : मार्क्सवाद और प्रगतिशील साहित्य, वाणी प्रकाशन, 1984, पृ. 73
9. फ्रेडरिक एंगेल्स : लुडविग फायरबाख, अंग्रेजी संस्करण, पृ. 131
10. ई.एम.एस. नम्बूदरीपाद : कला साहित्य और संस्कृति, वाणी प्रकाशन, दिल्ली, 2002, पृ. 81
11. रामविलास शर्मा : मार्क्सवाद और प्रगतिशील साहित्य, वाणी प्रकाशन, 1984, पृ. 271
12. ई.एम.एस. नम्बूदरीपाद : कला, साहित्य और संस्कृति, वाणी प्रकाशन, दिल्ली, 2002, पृ. 81
13. शरणकुमार लिंबाले : दलित साहित्य का सौन्दर्यशास्त्र, वाणी प्रकाशन, 2000, दिल्ली, पृ. 40-41
14. ओमप्रकाश वाल्मीकि : दलित साहित्य का सौन्दर्यशास्त्र, राधाकृष्ण प्रकाशन, दिल्ली, पृ. 63
15. उपरोक्त, पृ. 59
16. उपरोक्त, पृ. 61
17. शरणकुमार लिंबाले : दलित साहित्य का सौन्दर्यशास्त्र, वाणी प्रकाशन, दिल्ली, 2000, पृ. 116

आदिवासी साहित्य

दशकों के प्रतिकार और संघर्ष के बाद अब आदिवासी साहित्य सामाजिक विज्ञान के एक स्वायत्त विषय के रूप में केन्द्र में है। लेकिन आदिवासी समाज की ही तरह आदिवासी साहित्य का संघर्ष अब भी जारी है। एक स्वायत्त और स्वतंत्र विषय के रूप में स्थापित होने के क्रम में उसे ऐसे साहित्य का सामना करना पड़ रहा है, जिसका विषय तो आदिवासी है, पर साहित्य आदिवासी दर्शन और संस्कृति के अनुरूप नहीं है। सीधे शब्दों में कहें तो उस आदिवासी साहित्य में आदिवासी दर्शन नहीं है। जिसे आदिवासी साहित्य कहकर प्रचारित, वाचित और पाठित किया जाता रहा है, उसमें अधिकांश मूलतः और प्रथमतः आदिवासी लेखन नहीं है, और इसी कारण आदिवासी साहित्य की सुस्पष्ट अवधारणा या वैचारिकी को समझने में मुश्किलें आ रही हैं। सामान्यतया हिन्दू दक्षिणपंथी, गांधी-लोहियावादी, अम्बेडकरवादी और मार्क्सवादी दर्शन के अनुसार आदिवासी साहित्य की अवधारणा स्थापित करने की कोशिशें की जा रही हैं। इनमें से कोई भी मत आदिवासी दर्शन को स्वीकार नहीं कर, अपनी ही वैचारिकी के भीतर आदिवासी साहित्य को समाहित और समेकित कर लेने के पुरजोर प्रयासों में लगा है।

हम जानते हैं कि वेद, कुरआन व बाइबल से शासित विभिन्न धार्मिक समूह, जो दुनिया के मानव संसाधन सहित सभी भौतिक संसाधनों पर अपना वर्चस्व बनाये रखने के लिए एक-दूसरे से होड़ में हैं, अन्ततः उन सभी की एक ही दार्शनिक आधारभूमि है—चाहे उनके राजनीतिक विचार और झंडे किसी भी रंग के हों। वे सब एक नस्ल या एक ही नस्ल के उपनस्ल हैं और उनमें आपसी युद्ध सिर्फ सत्ता को लेकर है। इसीलिए आदिवासी उन सभी नस्लों और धर्मों के वर्चस्व और घृणा का एकसमान पात्र है। वेदों में वर्णित आर्य-अनार्य का

चिर ऐतिहासिक द्वंद्व उसकी पुष्टि करता है। गैर-आदिवासियों का आदिवासी विषयक साहित्य भी उसी की एक कड़ी है जो साम्राज्यवाद-विरोधी अभियान में आदिवासियों को महज आर्थिक संघर्ष के रूप में देखता है और सांस्कृतिक तौर पर आदिवासी दर्शन और साहित्य को आर्य संस्कृति में समरस कर लेने की कोशिश करता है।

इसलिए यह आवश्यक है कि आदिवासी साहित्य की अवधारणा और उसकी मूल दार्शनिक आधारभूमि पर एक स्पष्ट सुनिश्चित समझ बनाई जाए। हालाँकि आर्यों के साहित्य ने इस बारे में वेद, पुराण और अन्य ग्रंथों में आदिवासियों से अपने दार्शनिक व सांस्कृतिक भिन्नता के प्रमुख तत्त्वों एवं आयामों को प्रमुखता से रेखांकित किया है। परन्तु समुचित और तर्कसंगत विश्लेषण आदिवासी समाज के द्वारा नहीं किये जाने के कारण उसे सामने नहीं लाया जा सका है। डॉ. रामदयाल मुंडा ने इसे अपने लेख 'संस्कृत साहित्य के आदिवासी और भारतीय संस्कृति को उनकी देन' में बहुत ही संक्षेप में सूत्रबद्ध किया है।

आदिवासी साहित्य की पृष्ठभूमि

आदिवासी साहित्य से तात्पर्य उस साहित्य से है जिसमें आदिवासियों का जीवन और समाज उनके दर्शन के अनुरूप अभिव्यक्त हुआ है। आदिवासी साहित्य को विभिन्न नामों से पूरी दुनिया में जाना जाता है। यूरोप और अमेरिका में इसे नेटिव अमेरिकन लिटरेचर, कलर्ड लिटरेचर, स्लेव लिटरेचर और अफ्रीकन-अमेरिकन लिटरेचर; अफ्रीकन देशों में ब्लैक लिटरेचर और ऑस्ट्रेलिया में एबोरिजिनल लिटरेचर, तो अंग्रेजी में इंडीजिनस लिटरेचर, फर्स्टपीपुल लिटरेचर और ट्राइबल लिटरेचर कहते हैं। भारत में इसे हिन्दी एवं अन्य भारतीय भाषाओं में सामान्यतया 'आदिवासी साहित्य' ही कहा जाता है।

आदिवासी साहित्य की उपलब्धता

गैर-आदिवासी साहित्य की अध्ययन-परम्परा आदिवासी साहित्य को दो श्रेणी में विभाजित करती है :

1. वाचिक परम्परा का आदिवासी (लोक) साहित्य और
2. लिखित (शिष्ट अथवा आधुनिक) आदिवासी साहित्य।

वाचिकता (ऑरेचर)

लेकिन आदिवासी साहित्यकार इस विभाजन को स्वीकार नहीं करते। वे मानते हैं कि चूँकि उनका जीवन-दर्शन किसी भी विभाजन के पक्ष में नहीं है, उनके समाज में समरूपता और समानता है, इसलिए उनका साहित्य भी विभाजित नहीं है। वह एक ही है। वे अपने साहित्य को 'ऑरेचर' कहते हैं। ऑरेचर अर्थात् ऑरल लिटरेचर। उनकी स्थापना है कि उनके आज का लिखित साहित्य भी उनकी वाचिक यानी पुरखा-साहित्य की परम्परा का ही साहित्य है। ऑरेचर की अवधारणा सबसे पहले युगांडा के आदिवासी लेखक पियो जिरिमू[1] ने प्रस्तुत की थी जिसे दुनिया के अधिकांश आदिवासी लेखकों और साहित्यकारों ने स्वीकार किया। इनमें अफ्रीका के न्गूगी वा थ्योंगो और भारत की वंदना टेटे प्रमुख हैं। हालाँकि गैर-आदिवासी साहित्यिक और अकादमिक जगत में अभी भी वाचिक साहित्य यानी 'लोक-साहित्य' की स्वीकार्यता ज्यादा है।

आदिवासी साहित्य की अवधारणा
आदिवासी एवं गैर-आदिवासी दृष्टि

आदिवासी साहित्य की अवधारणा को लेकर तीन तरह के मत हैं :

1. आदिवासी विषय पर लिखा गया साहित्य आदिवासी साहित्य है।
2. आदिवासियों द्वारा लिखा गया साहित्य आदिवासी साहित्य है।
3. 'आदिवासियत' (आदिवासी दर्शन) के तत्त्वों वाला साहित्य ही आदिवासी साहित्य है।

पहली अवधारणा गैर-आदिवासी लेखकों की है। परन्तु समर्थन में कुछ आदिवासी लेखक भी हैं। जैसे—रमणिका गुप्ता, संजीव, राकेश कुमार सिंह, महुआ माजी, बजरंग तिवारी, गणेश देवी आदि गैर-आदिवासी लेखक, और हरिराम मीणा, महादेव टोप्पो, आईवी हाँसदा आदि आदिवासी लेखक।

दूसरी अवधारणा उन आदिवासी लेखकों और साहित्यकारों की है जो जन्मना और स्वानुभूति के आधार पर आदिवासियों द्वारा लिखे गए साहित्य को ही आदिवासी साहित्य मानते हैं।

अन्तिम और तीसरी अवधारणा उन आदिवासी लेखकों की है, जो 'आदिवासियत' के तत्त्वों का निर्वाह करनेवाले साहित्य को ही आदिवासी साहित्य के रूप में स्वीकार

करते हैं। ऐसे लेखकों और साहित्यकारों के भारतीय आदिवासी समूह ने 14-15 जून, 2014 को राँची (झारखंड) में आयोजित दो दिवसीय राष्ट्रीय सेमिनार में इस अवधारणा को ठोस रूप में प्रस्तुत किया, जिसे 'आदिवासी साहित्य का राँची घोषणा-पत्र' के तौर पर जाना जा रहा है और अब वह आदिवासी साहित्य विमर्श का केन्द्रीय बिंदु बन गया है। 'आदिवासी दर्शन और समकालीन आदिवासी साहित्य' पर हुआ देश में यह पहला राष्ट्रीय संवाद था जिसमें भारत के तीन पीढ़ियों के आदिवासी लेखकों और साहित्यकारों ने भागीदारी की थी। हालाँकि इस अवधारणा की शुरुआत झारखंड स्थित वंदना टेटे की अगुवाई वाले आदिवासी और मूलवासी लेखकों व संस्कृतिकर्मियों के राष्ट्रीय संगठन 'झारखंडी भाषा साहित्य-संस्कृति अखड़ा' ने की थी, जिसे 29-30 जुलाई, 2013 को भारतीय भाषा केन्द्र, जवाहरलाल नेहरू विश्वविद्यालय (जेएनयू) द्वारा डॉ. गंगा सहाय मीणा के संयोजकत्व में आयोजित 'आदिवासी साहित्य : स्वरूप और संभावनाएँ' विषयक दो दिवसीय राष्ट्रीय परिसंवाद में सुसंगठित किया गया।

आदिवासी साहित्य का भाषायी मानचित्र

आदिवासी साहित्य वाचिक तौर पर अपनी मूल आदिवासी भाषाओं में बहुत समृद्ध और विपुल है। भारत में लिखित आदिवासी साहित्य की शुरुआत बीसवीं सदी के आरम्भिक दौर में हुई जब औपनिवेशिक दिनों में आदिवासी समुदाय आधुनिक शिक्षा के सम्पर्क में आए—विशेषकर, झारखंड और उत्तर-पूर्व के आदिवासी इलाकों में। तब से लेकर आज तक अंग्रेजी और हिन्दी, बांग्ला, ओड़िया, असमी, मराठी आदि अन्य भारतीय भाषाओं में आदिवासी साहित्य लेखन निरन्तर प्रगति पर है और हर वर्ष सौ से अधिक आदिवासी रचित पुस्तकें 'सइल रकब पुथि सेंटर, कोलकाता', 'प्यारा केरकेट्टा फाउंडेशन, राँची', 'आदिवाणी, कोलकाता', 'दाबांकी प्रेस, जमशेदपुर' सहित दर्जनों प्रकाशन संस्थाएँ छाप रही हैं।

भारत में आदिवासी साहित्य पाँच भाषा परिवार की भाषाओं में वाचिक और लिखित रूप में उपलब्ध है :

1. आस्ट्रो-एशियाटिक भाषा परिवार,
2. चीनी-तिब्बती भाषा परिवार,
3. द्रविड़ भाषा परिवार,

4. अंडमानी भाषा परिवार,
5. भारोपीय आर्य भाषा परिवार।

1. आस्ट्रो-एशियाटिक भाषा परिवार

इस आदिवासी भाषा परिवार की भाषाएँ मुख्य रूप से भारत में झारखंड, छत्तीसगढ़, ओडिशा और पश्चिम बंगाल के ज्यादातर हिस्सों में बोली जाती हैं। संख्या की दृष्टि से इस परिवार की सबसे बड़ी भाषा संथाली या संताली है। इस परिवार की अन्य प्रमुख भाषाओं में हो, मुंडारी, खड़िया, सावरा इत्यादि भाषाएँ हैं।

2. चीनी-तिब्बती भाषा परिवार

इस परिवार की ज्यादातर भाषाएँ भारत के सात उत्तर-पूर्वी राज्यों में बोली जाती हैं, जिनमें नगा, मिज़ो, म्हार, मणिपुरी, तांगखुल, खासी, दफ़ला, आओ आदि भाषाएँ प्रमुख हैं।

3. द्रविड़ भाषा परिवार

यह भाषा परिवार भारत का दूसरा सबसे बड़ा भाषा परिवार है। इस परिवार की गैर-आदिवासी भाषाएँ ज्यादातर दक्षिण भारत में बोली जाती हैं, जिनमें तमिल, कन्नड़, मलयालम और तेलगू भाषाएँ हैं। परन्तु द्रविड़ परिवार की आदिवासी भाषाएँ पूर्वी, मध्य और दक्षिण तक के राज्यों में बोली जाती हैं। गोंडों की गोंडी, उराँव, किसान और धाँगर समुदायों की कुड़ुख और पहाड़िया की मल्तो या मालतो द्रविड़ परिवार की प्रमुख आदिवासी भाषाएँ हैं।

4. अंडमानी भाषा परिवार

जनसंख्या की दृष्टि से यह भारत का सबसे छोटा आदिवासी भाषा परिवार है। इसके अन्तर्गत अंडबार-निकोबार द्वीप समूह की भाषाएँ आती हैं, जिनमें अंडमानी, ग्रेट अंडमानी, ओंगे, जारवा आदि प्रमुख हैं।

5. भारोपीय आर्य भाषा परिवार

भारत की दो-तिहाई से अधिक गैर-आदिवासी आबादी हिन्दी आर्य भाषा परिवार की कोई न कोई भाषा विभिन्न स्तरों पर प्रयोग करती है; जैसे—संस्कृत, हिन्दी, बांग्ला, गुजराती, कश्मीरी, डोगरी, पंजाबी, उड़िया, असमिया, मैथिली, भोजपुरी, मारवाड़ी, गढ़वाली, कोंकणी आदि भाषाएँ। राजस्थान, गुजरात, मध्य प्रदेश आदि राज्यों के भीलों की वर्तमान भीली, भिलाला और वागड़ी; झारखंड, पश्चिम बंगाल, ओडिशा, असम आदि राज्यों में बोली जानेवाली सदरी, सादरी, सदानी अथवा नागपुरी इसी भारोपीय भाषा परिवार के अन्तर्गत आती है।

साहित्य क्या है?

(क) भारतीय अवधारणा

सामान्यतः जब हम साहित्य कहते हैं तो हमारा आशय उन कृतियों से होता है जो कविता, कहानी, उपन्यास, नाटक, निबन्ध, रेखाचित्र, संस्मरण, जीवनी, आत्मकथा, यात्रा-विवरण, रिपोर्ताज, समालोचना आदि से होता है, लेकिन कभी-कभी धर्म, दर्शन, इतिहास, राजनीति, अर्थशास्त्र, समाजशास्त्र, पुरातत्त्व, भूगोल, विज्ञान आदि विषयों की पुस्तकों को भी यह कहते हुए शामिल कर लिया जाता है कि यह ज्ञान का साहित्य है। अंग्रेजी में भी 'लिटरेचर'[1] शब्द का प्रयोग इतने ही व्यापक रूप में किया जाता है। संस्कृत में साहित्य की व्यापकता को 'वाङ्मय' कहा जाता है। वाक् अर्थात् भाषा के माध्यम से जो कुछ भी कहा या लिखा गया हो, वह सब कुछ वाङ्मय है। संस्कृत के आचार्यों का कहना है, जब शब्द और अर्थ के बीच सुन्दरता के लिए स्पर्धा या होड़ लगी हो तो साहित्य की सृष्टि होती है। सुन्दरता की इस दौड़ में शब्द अर्थ से आगे निकलने की कोशिश करता है और अर्थ शब्द से आगे निकल जाने का संकल्प करता है और निर्णय करना कठिन हो जाता है कि कौन अधिक सुन्दर है। शब्द और अर्थ की यह स्पर्धा ही सहित भाव है और साहित्य का विशेष धर्म भी यही है। इसे ही रामचन्द्र शुक्ल इस प्रकार से कहते हैं : 'साहित्य के अन्तर्गत वह सारा वाङ्मय लिया जा सकता है जिनमें अर्थ-बोध के अतिरिक्त भावोन्मेष अथवा चमत्कारपूर्ण अनुरंजन हो तथा जिसमें ऐसे वाङ्मय की विचारपूर्ण समीक्षा या विवेचना हो।'[2] विश्वकवि माने जानेवाले रवीन्द्रनाथ ठाकुर

का मत है : 'सहित शब्द से साहित्य के मिलने का एक भाव देखा जाता है। वह केवल भाव-भाव का, भाषा-भाषा का, ग्रंथ-ग्रंथ का ही मिलन नहीं है; बल्कि मनुष्य के साथ मनुष्य का, अतीत के साथ वर्तमान का, दूर के साथ निकट का अत्यन्त अन्तरंग मिलन भी है, जो कि साहित्य के अतिरिक्त अन्य से सम्भव नहीं है।'[3] प्रेमचन्द के अनुसार : 'साहित्य उसी रचना को कहेंगे, जिसमें कोई सचाई प्रगट की गई हो, जिसकी भाषा प्रौढ़, परिमार्जित और सुन्दर हो, और जिसमें दिल और दिमाग पर असर डालने का गुण हो और साहित्य में यह गुण पूर्ण रूप में उसी अवस्था में उत्पन्न होता है, जब उसमें जीवन की सचाइयाँ और अनुभूतियाँ व्यक्त की गई हों। साहित्य की बहुत-सी परिभाषाएँ दी गई हैं, पर मेरे विचार से उसकी सर्वोत्तम परिभाषा जीवन की आलोचना है।'[4]

(ख) पाश्चात्य अवधारणा

पाश्चात्य जगत में साहित्य को लेकर दो तरह की अवधारणाएँ हैं : ज्ञान का साहित्य और भावना का साहित्य। दोनों का मूल मर्म है सीखना और भावों को जाग्रत करना। 'ऑक्सफोर्ड डिक्शनरी ऑफ इंग्लिश' के अनुसार; 'साहित्य वह लिखित कार्य है जिसमें कलात्मकता अपने सर्वोत्तम रूप में और सार्वकालिक स्थायी भाव के साथ उपस्थित होता है।'[5]

चेनिंग मानते हैं : 'साहित्य जातीय जीवन की लिखित अभिव्यक्ति है।'[6] 'साहित्य एक कला है, जहाँ शब्दों को इस प्रकार से संगठित किया जाता है कि उसे पढ़कर पाठक को आनन्द प्राप्त हो और उसके माध्यम से अनुभवों के आदान-प्रदान के साथ उसका विस्तार हो।'[7]

एजरा पाउंड साहित्य को परिभाषित करते हुए कहते हैं : 'महान साहित्य सिर्फ भाषा है, जिसमें शेष सीमा तक अर्थ बदलने की शक्ति होती है।'[8] वहीं, हेनरी हडसन के अनुसार : 'साहित्य उन स्रोतों में से है जिसमें युगशक्ति राजनीतिक आन्दोलन, धार्मिक चेतना, दार्शनिक चिन्तन अथवा कला के रूप में अभिव्यक्त होती रहती है।'[9]

इन सब पाश्चात्य विद्वानों की परिभाषा से स्पष्ट है कि शब्दों द्वारा भावों की ज्ञानात्मक और कलात्मक अभिव्यक्ति साहित्य है। लेखक अपने कला-कौशल से शब्दों का अर्थ अतिक्रमण करते हुए उसका संकुचन और विस्तार करता है तथा कल्पना और यथार्थ के सम्मिश्रण से साहित्य की रचना करता है। इस प्रकार भारतीय और पाश्चात्य, दोनों समान रूप से साहित्य को परिभाषित करते हैं।

(ग) मार्क्सवादी अवधारणा

'मार्क्स, एंगेल्स और लेनिन ने भले ही योजनाबद्ध रूप से साहित्य और कला के सिद्धान्तों का प्रतिपादन न किया हो लेकिन विभिन्न सन्दर्भों में आए उनके साहित्य और कला-सम्बन्धी विचारों, इन पर लिखे कुछ स्वतंत्र लेखों और टिप्पणियों या व्यक्तिगत पत्रों में उठाए गये सवालों से एक मार्क्सवादी सौन्दर्य का निर्माण होता है। परवर्ती मार्क्सवादियों ने इसका निरन्तर विकास किया है और यह प्रक्रिया आज तक जारी है।'[10]

'रूप और शब्द के बिना न तो संसार की सत्ता सम्भव है, न साहित्य की। ज्ञानेन्द्रियों से समन्वित मनुष्य-जाति जगत नामक अपार और अगाध रूप-समुद्र में छोड़ दी गई है। मनुष्य और प्रकृति की यह रूपात्मक एकता साहित्य का मूलाधार है।'[11]

'मार्क्सवादी सौन्दर्यशास्त्र सिर्फ यह माँग करता है कि लेखक को अपना अनुभूत यथार्थ अमूर्त ढंग से नहीं, बल्कि तथ्यों और घटनाओं के उस धड़कते जीवन के उस यथार्थ के रूप में प्रस्तुत करना चाहिए जिनका वह यथार्थ एक जैविक अंग होता है और जिसके विशिष्ट अनुभवों से वह निर्मित होता है।'[12]

'मार्क्सवाद साहित्य और समाज के बीच द्वंद्वात्मक सम्बन्ध मानता है। वह समाज से साहित्य की सापेक्ष स्वायत्तता स्वीकार करता है। समाज के परिवर्तन और विकास में साहित्य की क्रान्तिकारी पक्षधर भूमिका पर बल देता है और साहित्य के कलात्मक सौन्दर्य तथा सौन्दर्यबोधीय महत्त्व की सार्थकता को भी मानता है। मुख्य बात यह है कि मार्क्सवाद साहित्य के वर्गीय स्वरूप, प्रयोजन और विचारधारात्मक रूप को पहचानते हुए साहित्य के इतिहास को समाज के वर्गसंघर्ष के इतिहास से जोड़कर देखता है।'[13]

स्पष्ट है कि आधार तथा बाह्य संरचना-सम्बन्धी विवेचना के अन्तर्गत कार्ल मार्क्स ने साहित्य का बुनियादी आधार आर्थिक-भौतिक जीवन को माना है। मार्क्सवादी साहित्य के चिन्तकों ने सर्वाधिक बल साहित्य के मूल्यांकन की सही दृष्टि पर दिया है। मार्क्सवादी साहित्य चिन्तकों के अनुसार, साहित्य के मूल्यांकन का दृष्टिकोण 'ऐतिहासिक भौतिकवाद' के परिप्रेक्ष्य में है।

(घ) दलित अवधारणा

दलित चिन्तकों और साहित्यकारों के अनुसार, जोतिबा फुले एवं बुद्ध का दर्शन और डॉ. अम्बेडकर का जीवन-संघर्ष यानी 'अम्बेडकरवाद' दलित साहित्य की

अवधारणा का मूल आधार है। दलित विचारक और लेखक ओमप्रकाश वाल्मीकि 'दलित साहित्य का सौन्दर्यशास्त्र' में दलित साहित्य की अवधारणा पर बात करते हुए कहते हैं : ' 'दलित' शब्द व्यापक अर्थबोध की अभिव्यंजना देता है। भारतीय समाज में जिसे अस्पृश्य माना गया, वह व्यक्ति ही दलित है। दुर्गम पहाड़ों, वनों के बीच जीवन-यापन करने के लिए बाध्य जनजातियाँ और आदिवासी, जरायमपेशा घोषित जातियाँ—सभी इस दायरे में आती हैं। सभी वर्गों की स्त्रियाँ दलित हैं। बहुत कम श्रम-मूल्य पर चौबीसों घंटे काम करनेवाले श्रमिक, बँधुआ मजदूर दलित की श्रेणी में आते हैं।' दलित चिन्तक कंवल भारती की धारणा है कि 'दलित साहित्य' से अभिप्राय उस साहित्य से है, जिसमें दलितों ने स्वयं अपनी पीड़ा को रूपायित किया है। अपने जीवन-संघर्ष में दलितों ने जिस यथार्थ को भोगा है, दलित साहित्य उनकी उसी अभिव्यक्ति का साहित्य है। यह कला के लिए कला नहीं, बल्कि जीवन का और जीवन की जिजीविषा का साहित्य है। इसलिए कहना न होगा कि वास्तव में दलितों द्वारा लिखा गया साहित्य ही दलित साहित्य की कोटि में आता है।

साहित्य के साथ 'दलित' शब्द जुड़ते ही उसकी व्यापकता और अधिक क्रान्ति-बोधक हो जाती है। अर्थ और अधिक व्यंजनात्मक होकर साहित्य की भूमिका और सामाजिक उत्तरदायित्वों को और अधिक विश्लेषित करने की क्षमता हासिल कर लेता है। दलित शब्द विरोध की अभिव्यक्ति का प्रतीक बन जाता है। मानवीय संवेदनाओं के सरोकारों से जुड़कर सामाजिक प्रतिबद्धता स्थापित करता है।

दलित साहित्य की जितनी भी परिभाषाएँ हैं, उनका एकमात्र स्वर है—सामाजिक परिवर्तन। अम्बेडकरवादी विचार ही उनकी एकमात्र प्रेरणा है। बाबूराव बागूल के शब्दों में कहें तो, 'मनुष्य की मुक्ति को स्वीकार करनेवाला, मनुष्य को महान माननेवाला, वंश, वर्ण और जाति के श्रेष्ठत्व का प्रबल विरोध करनेवाला साहित्य ही दलित साहित्य है।'[14] विमल थोराट के अनुसार : 'दलित साहित्य उस विद्रोह का उन्मेष है जो किसी विशिष्ट जाति या व्यक्ति के विरुद्ध नहीं बल्कि 'स्व' की खोज में निकले हुए एक पूरे समाज का पूर्व परम्पराओं से विद्रोह है एवं अपने अस्तित्व की स्थापना का प्रचार है।'[15]

(ङ) आदिवासी अवधारणा

लेखन, लिखित साहित्य अथवा छपा हुआ साहित्य, साहित्य की उपादेयता, साहित्य का सौन्दर्यशास्त्र आदि काव्य-सम्बन्धी विमर्शों की देन है जिसका एक सिरा संस्कृत

काव्यशास्त्रीय परम्परा से जुड़ता है तो दूसरा औद्योगिक विकास के बाद विकसित हुए पूँजीवाद से। सामान्य तौर पर कहें तो साहित्य-सम्बन्धी सिद्धान्तों का आरम्भ सभ्यताओं के उदय और राज्यसत्ता के पुनर्गठन व विस्तार के फलस्वरूप हुआ है। सभ्यताओं का विकास मूल रूप से सभी भौतिक एवं अभौतिक संसाधनों पर वर्चस्व और उनके दोहन से हुआ है। दुनिया में मौजूद सभी तरह के उपलब्ध और सम्भावित संसाधनों पर पूर्ण नियंत्रण और एक सुनिश्चित शासन-पद्धति के बगैर सभ्यताओं और राज्यसत्ता की सुदृढ़ स्थापना नहीं हो सकती थी। सत्ता स्थायी हो और उससे शासित होनेवाला समाज, यहाँ तक कि स्वयं शासक भी शासन के लिए निर्धारित संहिताओं और विधानों की अवहेलना नहीं कर सके, इसके लिए जरूरी था कि संहिताओं और विधानों को लिखित रूप देकर रूढ़ बना दिया जाए। इसी जरूरत के तहत सभ्यता और शासन के नियामक और अनिवार्य प्राथमिक तत्त्व के रूप में 'लिखित साहित्य' का आविर्भाव हुआ। भारतीय उपमहाद्वीप में वेदों से शुरू होकर मनुसंहिता के लेखन तक और पाश्चात्य जगत में सॉनेट से प्रारम्भ होकर स्कूली सिस्टम तक के विकासक्रम से सभ्यता और राज्यसत्ता के साथ साहित्य के अन्तरंग व अन्योन्याश्रित सम्बन्ध को अच्छी तरह से समझा जा सकता है। और हम पाते हैं कि बीसवीं शताब्दी की शुरुआत तक पूरी दुनिया में साहित्य के सिद्धान्तों और सौन्दर्यशास्त्र की बहस वैश्विक तौर पर विभिन्न मत-मतांतरों के साथ केन्द्रीय बहस का रूप ले लेती है, स्थापित हो जाती है।

लिखित साहित्य के 'महानतम आविर्भाव' के इस आलोक में ही आज हमारे देश में और समूची दुनिया में भी आदिवासी साहित्य की अवधारणा पर विमर्श की शुरुआत हुई है। आदिवासी सौन्दर्यशास्त्र की माँग की जा रही है। आदिवासी साहित्य के सैद्धान्तिक पक्ष को जानने के लिए लोग उत्सुक हो रहे हैं, जबकि आदिवासी जीवन की परम्परा और समाज में 'साहित्य' जैसी कोई रूढ़ श्रेणीगत परम्परा नहीं है। नैसर्गिक रूप से वाचिक रहा आदिवासी समाज एक ऐसी सत्तारहित सभ्यता और संस्कृति का वाहक है जिसमें 'वायदे', 'करार', 'दस्तावेजी प्रमाण' आदि लिखित साहित्य की आवश्यकता नहीं थी। उन्होंने एक ऐसी जीवन-प्रणाली विकसित की जो लचीली है और जिसमें वर्तमान और भविष्य की पीढ़ियाँ एकसमान रूप से अपने अनुभवों को समसामयिक जरूरतों के मुताबिक जोड़-घटा सकती हैं—व्यक्तिगत और सामूहिक, दोनों स्तरों पर। उन्होंने शब्दों पर पूरा भरोसा किया और प्रकृति से सीखते हुए यह सामूहिक चेतना विकसित की कि जीव-जगत यथार्थ है। इनसान यथार्थ है, तो शब्द भी यथार्थ हैं। न इनसान पर और न ही उसके द्वारा कहे गए शब्दों पर अविश्वास किया जाना चाहिए। सारतः आदिवासी जीवन-प्रणाली में शब्दों

को किसी प्रमाण की जरूरत नहीं थी। इसीलिए आदिवासी समाज ने संकेत-चिन्हों, चित्रों और अक्षरों का विकास कर लेने के बावजूद 'लिखित परम्परा' को प्रश्रय नहीं दिया। भाषाओं और लिपि के आविष्कार के बावजूद व्याकरण नहीं बनाया। क्योंकि आदिवासियों का यह दृढ़ विश्वास है : 'आप जिन शब्दों का चयन करते हैं, वैसी ही दुनिया बनती है।'[16]

आज जब हम आदिवासी साहित्य की अवधारणा, उसकी सैद्धान्तिकी और दर्शन पर बात कर रहे हैं, तो हमें आदिवासी समाज की इस मूल दार्शनिक पृष्ठभूमि को केन्द्र में रखना होगा, क्योंकि उसके साहित्य की अवधारणा में शब्द, नृत्य, गीत, संगीत, चित्र, उसका विश्वास, प्रकृति और समूची समष्टि समाहित है। साहित्य समुच्चय है इन सभी अभिव्यक्तियों का।

मराठी के बहुचर्चित आदिवासी लेखक वाहरू सोनवणे कहते हैं : 'लिखित ही केवल साहित्य होता है, यह कहना ही आदिवासियों की दृष्टि से असंगत है। साहित्य और कला, साहित्य और जीवन के बीच जो दीवारें समाज में खड़ी हैं, उन दीवारों का आदिवासी समाज में कुछ भी स्थान नहीं है। इन व्याख्याओं को बदलना जरूरी है क्योंकि आज आदिवासी समाज में कई प्रथाएँ, लोकगीत और नाटक तथा अनेक अन्य कलाएँ विद्यमान हैं जिन्हें शब्दबद्ध नहीं किया गया है। हजारों वर्षों से चली आ रही परम्पराएँ कभी थमीं नहीं। वे परम्पराएँ आज भी मौलिक रूप में आदिवासी जीवन का अभिन्न अंग रही हैं।'[17]

युवा आदिवासी कवि अनुज लुगुन के अनुसार : 'आदिवासी भाषा में लिखित आदिवासी साहित्य पर सबसे ज्यादा काम करने की जरूरत है। यह अब भी अपने मूल रूप में है। यहीं पर आदिवासी समाज की सोच, चिन्तन और वैचारिकी की ठोस अभिव्यक्ति मिलती है।' अरुणाचल प्रदेश की आदिवासी लेखिका पद्मश्री ममाँग दई कहती हैं : 'मैं आदिवासी हूँ, और भूगोल, लैंडस्केप, मिथक व हमारी पुरखों की कहानियाँ—यह सब ही मेरी विचार-प्रक्रिया को आकार देते हैं।'[18]

साहित्य आदिवासी-विश्व में बिलकुल वही स्थान नहीं रखता जो गैर-आदिवासी समाज में है। अगर हम सिर्फ अभिव्यक्ति और कला-रूपों के ही सन्दर्भ में साहित्य की भूमिका पर विचार करें तो यह पाएँगे कि आदिवासी कला-परम्परा में साहित्य एक स्वायत्त ईकाई नहीं है। आदिवासी कला-परम्पराओं में लेखक-गीतकार, संगीतकार, नर्तक और गायक की अलग-अलग स्वतंत्र इकाइयाँ न पहले थीं, न आज हैं। मुख्यत: आदिवासी कला-परम्परा विविध कला-रूपों का एक समुच्चय है जिसमें सभी कला-विधाओं के साथ-साथ प्रकृति की भी एक प्रमुख और सुनिश्चित

भूमिका होती है। आदिवासी-विश्व की कला-परम्परा में गाने के लिए नाचना जरूरी है, नाचने के लिए बजाना जरूरी है, बजाने के लिए गाना जरूरी है और गाना, नाचना, बजाना परिवेश के बगैर सम्भव नहीं है। परिवेश यानी कि प्रकृति। इन सबके एक सुर और ताल में सज जाने पर ही गीतों (साहित्य) की रचना होती है। इस प्रकार साहित्य सभी कला-रूपों के सम्मिलन का अन्तिम परिणाम होता है। यहाँ एक कला-रूप का दूसरे के साथ अन्योन्याश्रित सम्बन्ध है। सहअस्तित्व और सहभागिता के बिना किसी भी एक रूप का उद्घाटन सम्भव नहीं है।[19] यह एक सतत प्रक्रिया है जो हर पीढ़ी के साथ बदलती रहती है। जैसाकि अपाचे आदिवासी योद्धा जेरोनिमो (1829-190) कहते हैं :

'यह एक बहुत पुराना गीत है और इसे किसने बनाया है, कोई नहीं जानता। बचपन में मैंने इसे अपने पुरखों से सीखा था जो उन्हें भी पीढ़ी-दर-पीढ़ी होते हुए मिला था। अब यह मेरा अपना गीत है। उपचार और आनन्द की शक्ति से भरा हुआ यह एक अमूल्य गीत है। यह गीत सिखाता है कि इनसान को कैसे गाना चाहिए।'[20]

केन्याई आदिवासी चिन्तक न्गूगी वा थ्योंगो आदिवासी अभिव्यक्ति की इस परम्परा को यानी आदिवासी साहित्य को 'वाचिकता' (ऑरेचर) के रूप में सूत्रबद्ध करते हैं। वे कहते हैं, दुनिया की समस्त कलाओं का उत्स वाचिकता है। कला, साहित्य, संगीत, नाटक, पेंटिंग—कोई भी विधा वाचिकता से परे नहीं है। थ्योंगो की स्पष्ट मान्यता है कि तथाकथित आधुनिक साहित्य की तरह आदिवासी साहित्य (ऑरेचर) एकआयामी नहीं है, यह बहुआयामी है और विविध कलात्मक अभिरुचियों और प्रदर्शनों का सामूहिक सहजीवी परफॉरमेंस है। आदिवासी साहित्य एक जीवंत परम्परा है क्योंकि इसका आधार वाचिकता है जो शब्दों के नये प्रयोग और अनुभव से हमेशा तरोताजा व नवीनतम बना रहता है।[21]

एक मुंडा पुरखा आदिवासी कहावत आदिवासी परफॉरमेंस की परम्परा को महज तीन पंक्तियों में बहुत ही सुन्दरता और सुघड़पन के साथ व्यक्त करता है : 'बोलना ही गीत है, चलना ही नाच है, और कुमनी दुमंग ही संगीत है।'[22]

अत: हम कह सकते हैं कि आदिवासी साहित्य (ऑरेचर अथवा वाचिकता) सिर्फ शब्दों में लिखित कल्पना, अनुभव, भाव, विचार और यथार्थ की कलात्मक स्वानुभूति अथवा सहानुभूति की अभिव्यक्ति नहीं है बल्कि यह मानव सहित समस्त जीव-जगत, प्रकृति और समष्टि का जीवंत परफॉरमेंस है जो आध्यात्मिक अनुष्ठानों, दैनन्दिन क्रियाकलापों और विविध कलात्मक अभिरुचियों व अभिव्यक्ति के भिन्न-भिन्न रूपों के द्वारा निरन्तर प्रदर्शित होता रहता है।

साहित्य का उद्देश्य क्या है?

साहित्य के उद्देश्य का उद्घाटन का उपक्रम लिखित साहित्य के साथ ही आचार्यों, मीमांसकों और आलोचकों ने शुरू कर दिया था। भिन्न-भिन्न मत व मतांतरों के साथ, वाद एवं विवादों के साथ, यह क्रम अब भी जारी है। विभिन्न वाद के साथ जुड़े सिद्धान्तकार तीन-चार सदी से भी ज्यादा समय से दुनिया को बताने में लगे हुए हैं कि साहित्य का उद्देश्य क्या है? क्यों लेखक लिखता है और किसके लिए लिखता है? साहित्यिक वाद का यह पूरा विवाद मुख्य रूप से दो स्थापनाओं के बीच है। पहला, कला कला के लिए है और दूसरा, कला जीवन के लिए है। भारतीय एवं पाश्चात्य साहित्य, दोनों की स्थापना है कि साहित्य-रचना का उद्देश्य 'लोकमंगल की कामना' है, 'सत्यम् शिवम् सुन्दरम्' है। वहीं मार्क्सवाद द्वंद्वात्मक भौतिकवाद के जरिये क्रान्ति हेतु उत्प्रेरित करना और समाजवाद की स्थापना के लिए सर्वहारा की चेतना को उन्नत बनाना साहित्य का उद्देश्य स्वीकार करता है।

(क) भारतीय साहित्य का उद्देश्य

काव्यं यशसे, अर्थ कृते, व्यवहारविदे शिवेतरक्षतये
सद्यः परवितृतयः कान्तासम्मित तयोपदेशयुजे।

'काव्य-प्रकाश' में आचार्य मम्मट कहते हैं कि काव्य (साहित्य) का उद्देश्य यश की प्राप्ति, अर्थ की प्राप्ति और शिव यानी मंगल की स्थापना है। कवि (साहित्यकार) प्रयोजनों को पत्नी की तरह मधुर शब्दों के द्वारा उपदेश जैसा अभिव्यक्त करता है :

'मैं और चीजों की तरह कला को भी उपयोगिता की तुला पर तौलता हूँ। निस्सन्देह कला का उद्देश्य सौन्दर्य-सृष्टि की पुष्टि करना है और वह हमारे आध्यात्मिक आनन्द की कुंजी है, पर ऐसा कोई रुचिगत मानसिक तथा आध्यात्मिक आनन्द नहीं, जो अपनी उपयोगिता का पहलू न रखता हो। आनन्द स्वतः एक उपयोगिता-युक्त वस्तु है। हम साहित्य को केवल विलासिता और मनोरंजन की वस्तु नहीं समझते। हमारी कसौटी पर वही साहित्य खरा उतरेगा, जिसमें उच्च चिन्तन हो, स्वाधीनता का भाव हो, सौन्दर्य का सार हो, सृजन की आत्मा हो, जीवन की सचाइयों का प्रकाश हो—जो हममें गति, संघर्ष और बेचैनी पैदा करे, सुलाए नहीं।'[23]

'वास्तव में हमारे अध्ययन की सामग्री प्रत्यक्ष मनुष्य है। आपने इतिहास में इसी मनुष्य की धारावाहिक जय-यात्रा की कहानी पढ़ी है; साहित्य में इसी के आवेगों,

उद्वेगों और उल्लासों का स्पंदन देखा है, राजनीति में इसकी लुका-छिपी के खेल का दर्शन किया है, अर्थशास्त्र में इसकी रीढ़ की शक्ति का अध्ययन किया है। यह मनुष्य ही वास्तविक (साहित्य का) लक्ष्य है।'[24]

साहित्य शब्द का अर्थ 'हित सहित होना' है। 'सहितस्य भाव: साहित्य' अर्थात् हित के साथ होने का भाव ही साहित्य है। जहाँ शब्द और अर्थ, भाव और विचार का परम्परानुकूलता के साथ सहभाव हो, वही साहित्य है।'[25] आचार्य हजारी प्रसाद द्विवेदी जोर देकर कहते हैं : 'साहित्य का लक्ष्य मनुष्यता ही है। जिस पुस्तक से इस हित का उद्‌देश्य सिद्ध नहीं होता; जिससे मनुष्य का अज्ञान, कुसंस्कार और अविवेक दूर नहीं होता; जिससे मनुष्य शोषण और अत्याचार के विरुद्ध सिर उठाकर खड़ा नहीं हो जाता, वे पुस्तकें किसी काम की नहीं।'[26]

(ख) पाश्चात्य साहित्य का उद्‌देश्य

भारतीय साहित्य जगत की ही तरह पाश्चात्य साहित्य चिन्तकों की एक लम्बी श्रृंखला प्राचीन काल से लेकर आधुनिक काल तक चलती आई है। प्लेटो से शुरू हुई चिन्तन की कड़ी में अरस्तू, दांते के बाद फिलिप सिडनी, जॉन ड्राइडन हैं तो आधुनिक काल में लेशिंग, शिलर और गेटे हैं। साहित्य में स्वच्छंदतावाद के प्रवक्ता विलियम वड्‌र्सवर्थ और कालरिज के बाद सेंट व्यूव, मैथ्यू आरनाल्ड, जान रस्किन और टॉल्स्टॉय यथार्थवाद लेकर आए। इलियट ने भी स्वच्छंदतावाद के विरुद्ध साहित्य का गुण 'निर्वैयक्तिकता' माना। टॉल्स्टॉय ने अपने साहित्य और साहित्य-सम्बन्धी धारणाओं से विश्व-साहित्य जगत को बहुत हद तक प्रभावित किया। वे मानते थे कि साहित्य की सार्थकता उसकी मानवतावादी आकृति में ही है। जो साहित्य सम्पूर्ण मानवता के लिए मंगलार्थ हो, वही साहित्य है।

इसी बीच 'कला कला के लिए' के विचार को इटली निवासी फ्रांसीसी क्रोचे ने अपने साहित्यिक सिद्धान्त 'अभिव्यंजनावाद' से पुष्ट किया और एलन पो, आस्कर वाइल्ड तथा ब्रेडले जैसे साहित्य के सिद्धान्तकार इसके पक्ष में आ खड़े हुए। चिन्तक आई.ए. रिचड्‌र्स ने मनोविज्ञान के आधार पर विवेचन करते हुए कहा : 'कला का वास्तविक मूल्य इसी में है कि वह ऐसी अनुभूति का संचरण करने में सफल हो जो परस्पर विरोधी प्रवृत्तियों के बीच सामंजस्य लाने से होती है।'[27] इसके पीछे फ्रायड, एडलर और युंग जैसे साहित्य के विचारकों की प्रभावशाली भूमिका थी। फ्रायड ने साहित्य या कला की सर्जना को 'आत्मोपचार' माना। ज्याँ पाल सार्त्र ने

'अस्तित्ववाद' का सूत्रपात करते हुए साहित्य के उद्‌देश्य का केन्द्रीय तत्त्व 'मनुष्य का अस्तित्व' घोषित किया।'[28]

(ग) मार्क्सवादी साहित्य का उद्‌देश्य

भारत में मार्क्सवादी विचार साहित्य में तीस के दशक में ही आ चुका था परन्तु उसका सुगठित प्रभाव चालीस के दशक में स्पष्टत: दिखाई ही नहीं पड़ता बल्कि 1936 में आयोजित प्रगतिशील लेखक संघ के पहले अधिवेशन में उसकी सार्वजनिक घोषणा भी हो जाती है। मार्क्सवाद से प्रेरित साहित्य को भारत में प्रगतिशील, प्रगतिवादी, जनवादी आदि साहित्य के नाम से जाना जाता है। यह साहित्य समाज को शोषक और शोषित के रूप में देखता है। वर्गीय आधार पर शोषित वर्ग में चेतना लाने तथा उसे संगठित कर शोषण-मुक्त समाज की स्थापना मार्क्सवादी साहित्य का लक्ष्य है। यह सामन्तवाद, पूँजीवाद, साम्राज्यवाद व धार्मिक संस्थाओं को शोषक के रूप में चिन्हित कर उन्हें उखाड़ फेंकने की बात करता है तथा मार्क्सवादियों का एक बड़ा धड़ा जाति व आदिवासी राष्ट्रीयता के प्रश्न को वर्ग-संघर्ष में बाधक मानता है।

मार्क्सवादी साहित्य के चिन्तक प्रो. मैनेजर पांडेय के अनुसार : 'मार्क्सवादी साहित्य-चिन्तन साहित्य और समाज, यथार्थ और कल्पना के जटिल द्वंद्वात्मक सम्बन्ध की व्याख्या करते हुए साहित्य की सामाजिकता और साहित्यिकता को सामने लाता है।'[29] रॉल्फ फाक्स मार्क्सवादी साहित्य के उद्‌देश्य को स्पष्ट करते हुए कहते हैं : 'मार्क्सवाद का सम्बन्ध सामाजिक व्यवस्था से हो सकता है पर उसका चरम लक्ष्य व्यवस्था नहीं, उस व्यवस्था में रहनेवाला मनुष्य होता है। सामाजिक व्यवस्था का प्रश्न आवश्यक नहीं। उसके लिए सामाजिक व्यवस्था की पृष्ठभूमि पर नाटक करनेवाला मनुष्य एवं उसकी मनुष्यता का प्रश्न ही सर्वोपरि होता है।'[30]

रामविलास शर्मा के शब्दों में कहें तो मार्क्सवादी साहित्य यानी कि प्रगतिशील साहित्य का सर्वोच्च उद्‌देश्य, 'देश में सामन्तवाद और साम्राज्यवाद के अवशेष खत्म करके समाजवादी व्यवस्था रचने के लिए मार्क्सवाद की ऐतिहासिक आवश्यकता बनी हुई है। यदि समाज को समझने, उसे बदलने और नया समाज रचने के लिए वैज्ञानिक समाजवाद की आवश्यकता है, तो साहित्य के लिए भी वह उपयोगी होगा क्योंकि समाज को समझने, उसे बदलने और नया समाज रचने से साहित्य का गहरा सम्बन्ध है।'[31]

(घ) दलित साहित्य का उद्देश्य

'मैं साहित्यकारों का आह्वान करता हूँ कि वे विभिन्न साहित्यिक मूल्यों को रेखांकित करें। अपने लक्ष्य को मर्यादा में मत बाँधो, उसको और अधिक विशाल बनने दो। वाणी का विस्तार करो। अपनी लेखनी को केवल अपने प्रश्नों तक सीमित मत रखो। उसे तेजस्वी बनाओ, जिससे गाँव में फैला अंधकार दूर हो सके। यह मत भूलो कि इस भारत देश में उपेक्षित दलितों का बहुत बड़ा विश्व है। अपनी रचनाओं के द्वारा उनकी वेदना को समझकर उनके जीवन को उज्ज्वल बनाने की कोशिश करो। यही मानवता की सचाई है।'[32]

'दलित साहित्य का लक्ष्य दलितों के पशु-तुल्य नारकीय जीवन के प्रति पूर्णतः विद्रोह व्यक्त करना है। दलित साहित्य का लक्ष्य दलित समाज को स्वाभिमान, स्वावलम्बन एवं अस्मिता के लिए कृतसंकल्प होकर जूझने का सन्देश है। समग्र रूप से कहा जा सकता है कि दलित समाज में आत्माभिव्यक्ति के साथ चेतना और साहस उत्पन्न करना ही दलित साहित्य का लक्ष्य है और यही उसका सन्देश भी।'[33]

'सामन्ती व्यवस्था में संस्कारित साहित्यकार साहित्य को समाज से ऊपर अलग दर्जा देकर स्वयं को समाज में अलग और ऊपर होने का अहं पाल कर कल्पना में जीता है। कोई विशिष्ट व्यक्ति नहीं होता है। वह अपने अस्तित्व के लिए पग-पग पर समाज के ऊपर निर्भर करता है। समाज से अलग उसका कोई अस्तित्व ही नहीं होता, दलित साहित्य की यही मूल भावना है।'[34]

'इसलिए इसकी सामाजिकता स्पष्ट है। इसकी सामाजिकता है—समता, सम्मान, बन्धुत्व, प्रेम, सह-अस्तित्व और स्वतंत्रता। जाहिर है, प्रेम, बन्धुत्व और स्वतंत्रता की बात तो सभी साहित्य करते हैं, किन्तु सम्मान और मानव मुक्ति के लिए कोई प्रतिबद्ध साहित्य ही संघर्ष करता है। दलित साहित्य सरोकारों का साहित्य है।'[35]

'हर एक मनुष्य को स्वतंत्रता, प्रतिष्ठा और भयमुक्त सुरक्षा मिलनी चाहिए, इसी पृष्ठभूमि पर निर्मित एक प्रवृत्ति साहित्य में अभिव्यक्त हो रही है। इस प्रवृत्ति का नाम दलित साहित्य है। दलित साहित्य मनुष्य को केन्द्र मानता है। मनुष्य के सुख-दुःख से समरस होता है। मनुष्य को महान मानता है। मनुष्य को सम्यक् क्रान्ति की ओर ले जाता है।'[36]

'दलित साहित्य मानव के द्वारा वर्ण-व्यवस्था का आधार लेकर, लिंग अथवा धर्म का आधार लेकर अथवा जाति का आधार लेकर किये गए शोषण के विरुद्ध

आवाज उठाता है। दलित साहित्य का उद्‌देश्य यही है कि भयमुक्त, शोषणमुक्त, जातिविहीन और वर्गविहीन समाज की स्थापना करना है।'[37]

(ङ) आदिवासी साहित्य का उद्‌देश्य

साखू फूल रहा है
झूम-झूमकर फूल रहा है
नई कोंपलें फूट रही हैं
गहगहाकर फूट रही हैं। [38]

मुंडारी पुरखा साहित्य का यह गीत प्रकृति और सृष्टि के उस स्थायी भाव को प्रकट करता है, जो निरन्तर चलनेवाली एक सृजनात्मक प्रक्रिया है। यह प्रक्रिया इनसान के क्रियाकलापों से बाधित नहीं होती। जैसे युद्ध में जब लोग मरते रहते हैं, बच्चों का जन्म भी होता रहता है। बच्चे के जन्म लेने में इनसान और प्रकृति के भौतिक क्रियाकलाप बाधाएँ पैदा कर सकते हैं, उसे जन्म नहीं लेने देने की स्थितियाँ बना सकते हैं, परन्तु पैदा होने की प्रक्रिया जो अनवरत चलनेवाली एक प्रक्रिया है, उसे रोक पाना असम्भव है। गैर-आदिवासी समाज अपना सारा चिन्तन इनसानजनित उपक्रमों पर टिकाकर जीने के उद्‌देश्यों और दर्शन पर बात करता है। आदिवासी समाज इसके विपरीत प्राकृतिक संसार के भीतर इनसानी गतिविधियों और उसके सोच-विचार, चिन्तन आदि को शामिल करता है।

हम जानते हैं कि लिखित दुनिया के आने तक आदिवासियों के बीच 'साहित्य' जैसी कोई अवधारणा नहीं थी, जैसाकि गैर-आदिवासी दुनिया में है। हम पहले ही कह चुके हैं, गैर-आदिवासी विश्व जिस तरह से शब्दों के द्वारा रचे गए कलात्मक बौद्धिक व कल्पनाशील लेखन को साहित्य कहता है; वाचिक आदिवासी परम्परा, जिसे न्गूगी वा थ्योंगो 'वाचिकता' (ऑरेचर) कहते हैं, और हम 'पुरखा साहित्य' की संज्ञा देते हैं, वह बिलकुल भिन्न है। पुरखा साहित्य की परम्परा में जो भी कहन-गायन, वादन-नर्तन और संगीत है, प्रकृति से रागात्मकता है, श्रम और सृष्टि के प्रति आदर है। उसके आधार पर यह निर्धारित कर पाना अत्यन्त मुश्किल है कि आदिवासियों के कलात्मक रचावों का, अभिव्यक्तियों और परफॉरमेंसों का और समकालीन आदिवासियों के लेखन का उद्‌देश्य क्या है। लेकिन इतना तो यह है कि आदिवासी साहित्य के उद्‌देश्य वही नहीं हैं जो अन्य समाजों के साहित्य का

है। मौजूदा व्यवस्था के शोषण-उत्पीड़न और उसके विरुद्ध के नकार-प्रतिकार तथा विद्रोही मुद्राएँ और गतिविधियाँ किसी भी समाज की मूल प्रवृत्तियाँ नहीं हैं। यदि साहित्य का उद्देश्य क्रान्ति, नया मनुष्य और नई व्यवस्था रचना है, तो आदिवासी विश्वदृष्टि के मुताबिक यह फौरी कार्यभार है, स्थायी जीवन-मूल्य नहीं। आदिवासी जीवन के स्थायी मूल्य सामूहिकता, सहजीविता, सहअस्तित्व हैं, वही उसके समस्त अभिव्यक्तियों का भी उद्देश्य है। इसमें साहित्य भी शामिल है।

कनाडा की आदिवासी चिन्तक और लेखक अकीवैन्जी-डेम कहते हैं : 'साहित्य एक सृजनात्मक गतिविधि है। सृजनात्मकता की एक इकाई के रूप में साहित्य हमारी संस्कृति का अंग है, और हम इसे हमेशा कई तरीकों व माध्यमों के जरिये अभिव्यक्त करते हैं—गाकर, बोलकर या फिर लिखकर, परन्तु यह सब अन्ततः अनूठी सृजनात्मकता का ही अंग हैं।'[39]

वर्तमान समय में जिसका सिरा लेखन व मुद्रण की दृष्टि से सौ साल से पीछे नहीं जाता, उसके आधार पर यह कहना कि आदिवासी साहित्य 'प्रतिरोध' के लिए रचा जा रहा है, आदिवासी दर्शन के मूल आधारों की अवहेलना है, उसका नकार है। जो लोग समाजवाद, प्रगतिशीलता आदि के वाद से प्रभावित हैं या फिर उसके 'कैडर' हैं, आदिवासी साहित्य को 'परिवर्तनकामी', 'क्रान्तिकारी' आदि-आदि सिद्ध करने में जी-जान लगाए हुए हैं, उन्हें यह समझना चाहिए कि बाहरी व्यवस्थाओं द्वारा आदिवासियों का शोषण पिछले तीन सौ सालों की परिघटना है, जो अब भी जारी है। इसलिए अगर आज के आदिवासी लेखन में इस शोषण का प्रतिकार आ रहा है तो इससे आदिवासियों का मूल दर्शन खारिज नहीं हो जाता, जो मूलतः रचाव-बचाव का दर्शन है। तात्कालिक परिघटनाओं की प्रतिक्रिया से उपजी अभिव्यक्ति को 'स्थायी भाव' मान लेना एक भयंकर भूल है, जिसका शिकार बाहरी समाज के अध्येता, सिद्धान्तकार और लेखक रहे हैं।

वरिष्ठ कनाडियन आदिवासी लेखिका और अगुआ जीनेट आर्मस्ट्रोंग (जन्म 1948) आदिवासी साहित्य के उद्देश्य और सौन्दर्यशास्त्र के सवाल पर कहती हैं : 'सौन्दर्यबोध के सम्बन्ध में मेरा ध्यान नजरिया, शैली और रूप पर जाता है। आदिवासी-भाषी होने के कारण मेरे लिए यह समझना बहुत ही मुश्किल है कि कहने की वाचिक परम्परा का सौन्दर्य क्या है। हमारी आदिवासी भाषा अंग्रेजी से बिलकुल भिन्न है। शायद यह मेरी समझदारी की कमी है या मैंने बहुत कम पढ़ा है, या फिर मैं अभी तक वंचित हूँ उस बौद्धिक काम से जिसे आदिवासी कथावाचकों ने किया है। अगर किया है तो, मैं बाहर नहीं गई हूँ, इसलिए भी ऐसी कोई जानकारी मेरे

पास नहीं है। आपके पास है तो मुझे जरूर बताएँ। आदिवासी साहित्य अभी तक उन स्कूलों में नहीं पहुँचा है जहाँ हमारे लोग पढ़ते हैं और जहाँ आदिवासी भाषा व साहित्य की सबसे ज्यादा माँग है। इसलिए पहली समस्या तो यही है कि आदिवासी साहित्य एक 'पाठ' के रूप में—चाहे वह वाचिक हो या लिखित—अभी बहुत छोटे हिस्से को ही उपलब्ध हुआ है। ऐसे में आदिवासी साहित्य और सौन्दर्यबोध विषय ही विरोधाभासी जान पड़ता है।'[40]

इसलिए यह कहना उचित प्रतीत होता है कि आदिवासी साहित्य का उद्देश्य 'मनुष्य' नहीं है बल्कि वह सृष्टि है जिससे मनुष्य, समस्त जीव-जगत और समष्टि का अस्तित्व है। इस आदिवासी विश्वास और उद्देश्य को डॉ. रामदयाल मुंडा ने 'आदिवासी धरम'[41] में अत्यन्त बौद्धिकता के साथ विस्तार से रखा है।

सन्दर्भ

1. The Ugandan scholar Pio Zirimu introduced the term Orature in an attempt to avoid an oxymoron, but oral literature remains more common both in academic and popular writing. The Anthem Dictionary of Literary Terms and Theory by Peter Auger Anthem Press, 2010, at Page 210 and Uhuru's Fire : African Literature East to South by Adrian Roscoe CUP Archive, 1977 at page 9. In the book Encyclopaedia of African Literature edited by Simon Gikandi Routledge, 2003 edition, defines it as, 'Orature means something passed on through the spoken word, and because it is based on the spoken language, it comes to life only in a living community. Where community life fades away, orality loses its function and dies. It needs people in a living social setting : it needs life itself.' In the book Songs and Politics in Eastern Africa by Kimani Njogu, Herve Maupeu, 2007 edition, states at Page 204 as Pio Zirimu (that Ugandan theorist who coined the word 'orature'), defines it as 'the use of utterance as an aesthetic means of expression' (as quoted by Ngugi wa Thiong'o, 1988). In the book Defining New Idioms and Alternative Forms of Expression edited by Eckhard Breitinger Rodopi, 1996, at page 78. 'This means that any 'oral society' had to develop means to make the spoken word last, at least for a while. We tend to regard all the genres of orature as belonging to the homogeneous complex of folklore.'
2. प्रो. विश्वनाथ प्रसाद—कला एवं साहित्य : परम्परा और प्रवृत्ति , पृ. 24
3. डॉ. तारिणीचरण दास 'चिदानन्द' : साहित्य तथा उसकी विविध विधाओं का अध्ययन, पृ. 22

4. प्रेमचन्द : साहित्य का उद्देश्य, 1936 (निबन्ध निलय, सं. डॉ. सत्येन्द्र, वाणी प्रकाशन, 2005)
5. ऑक्सफोर्ड डिक्शनरी ऑफ इंग्लिश, 2010, पृ. 1031
6. चेनिंग : रिमार्क्स ऑन अमेरिकन लिटरेचर, पृ. 162
7. एनसाइक्लोपीडिया, वॉल्यूम 10-15, 1974, पृ. 1041
8. एजरा पाउंड : हाउ टू रीड, भाग-2, पृ. 36
9. एच. हडसन : एन इंट्रोडक्शन टू द स्टडी ऑफ लिटरेचर, पृ. 37
10. मार्क्सवाद और साहित्य (सं. शिवकुमार मिश्र), वाणी प्रकाशन, 2001, पृ. 3
11. डॉ. रामविलास शर्मा : मार्क्सवाद और प्रगतिशील साहित्य, वाणी प्रकाशन, 1994, पृ. 257
12. नामवर सिंह : कला और साहित्य-चिन्तन : कार्ल मार्क्स, राजकमल प्रकाशन, 2010, पृ. 45-46
13. मैनेजर पांडेय : साहित्य और इतिहास-दृष्टि, वाणी प्रकाशन, दिल्ली, पृ. 111
14. ओमप्रकाश वाल्मीकि : दलित साहित्य का सौन्दर्यशास्त्र, राधाकृष्ण प्रकाशन, 2005
15. मराठी दलित कविता और साठोत्तरी हिन्दी कविता में सामाजिक-राजनीतिक चेतना, पृ. 29
16. एक नवाहो (रेड इंडियन) आदिवासी कहावत
17. आदिवासी साहित्य के फेसबुक पेज से
18. वही
19. वंदना टेटे : आदिवासी साहित्य-परम्परा और प्रयोजन, प्यारा केरकेट्टा फाउंडेशन, 2013, पृ. 15
20. आदिवासी साहित्य के फेसबुक पेज से
21. न्गूगी वा थ्योंगो : ग्लाबलेटिक्स, कोलम्बिया यूनिवर्सिटी प्रेस, 2014, पृ. 83
22. कजिगे दुरङ : सेनगे सुसुन, कुमुनी दुमङ (अधिक जानकारी के लिए देखें : सेम तोपनो, म्यूजिकल कल्चर ऑफ द मुंडा ट्राइब, कॉन्सेप्ट पब्लिशिंग हाउस, दिल्ली, 2004)
23. प्रेमचन्द : साहित्य का उद्देश्य, 1936 (निबन्ध निलय, सं. डॉ. सत्येन्द्र, वाणी प्रकाशन, 2005)
24. हजारीप्रसाद द्विवेदी : मनुष्य ही साहित्य का लक्ष्य है (हिन्दी साहित्यशास्त्र, सं. नंदकिशोर नवल, वाणी प्रकाशन, 2003)
25. बाबू गुलाबराय : काव्य के रूप, पृ. 3
26. हजारीप्रसाद द्विवेदी : विचार और वितर्क, पृ. 62
27. रतन कुमार पांडेय : आलोचक और आलोचना के सिद्धान्त (खंड दो), वाणी प्रकाशन, पृ. 141

28. डॉ. नरेन्द्र सिंह : आधुनिक साहित्य चिन्तन और कुछ विशिष्ट साहित्यकार, वाणी प्रकाशन, दिल्ली, 1990, पृ. 6
29. मैनेजर पांडेय : शब्द और कर्म, वाणी प्रकाशन, दिल्ली, 1990, पृ. 61
30. रॉल्फ फॉक्स : उपन्यास और लोकजीवन
31. डॉ. रामविलास शर्मा : मार्क्सवाद और प्रगतिशील साहित्य, वाणी प्रकाशन, तृ. सं. 2008, पृ. 246
32. डॉ. अम्बेडकर : दलित साहित्य सम्मेलन पत्रिका, 17 जनवरी, 1976
33. रजत रानी मीनू : दखल, पृ. 176
34. ओमप्रकाश वाल्मीकि : दलित साहित्य का सौन्दर्यशास्त्र, राधाकृष्ण प्रकाशन, दिल्ली, पृ. 60
35. डॉ. हरिनारायण ठाकुर : दलित साहित्य का समाजशास्त्र, भारतीय ज्ञानपीठ, 2009, पृ. 79
36. सीबी भारती : शैक्षिक पाठ्यक्रम में दलित साहित्य भी हो, पृ. 168
37. शरण कुमार लिंबाले : दलित साहित्य का सौन्दर्यशास्त्र, वाणी प्रकाशन, दिल्ली, 2000, पृ. 39
38. जगदीश त्रिगुणायत : बाँसुरी बज रही, बिहार राष्ट्रभाषा परिषद्, पटना, 1970, पृ. 172
39. द फिक्शनल नॉर्थ : सं. एस मैथेसोन एवं जॉन बटलर, कैम्ब्रिज, 2012, पृ. 64
40. वंदना टेटे : आदिवासी सिद्धान्त से उद्धृत
41. रामदयाल मुंडा/रतनसिंह मानकी : आदि धरम, सारिणी और बिरसा, 2000

आदिवासी वाचिकता (ऑरेचर)

गैर-आदिवासी साहित्य की अध्ययन परम्परा आदिवासी साहित्य को दो श्रेणी में विभाजित करती है :

1. वाचिक परम्परा का आदिवासी (लोक) साहित्य और
2. लिखित (शिष्ट अथवा आधुनिक) आदिवासी साहित्य।

वाचिकता (ऑरेचर)

लेकिन आदिवासी साहित्यकार इस विभाजन को स्वीकार नहीं करते। वे मानते हैं कि चूँकि उनका जीवन-दर्शन किसी भी विभाजन के पक्ष में नहीं है, उनके समाज में समरूपता और समानता है, इसलिए उनका साहित्य भी विभाजित नहीं है। वह एक ही है। वे अपने साहित्य को 'ऑरेचर' कहते हैं। ऑरेचर अर्थात् ऑरल लिटरेचर। उनकी स्थापना है कि उनके आज का लिखित साहित्य भी उनकी वाचिक यानी पुरखा साहित्य की परम्परा का ही साहित्य है। ऑरेचर की अवधारणा सबसे पहले युगांडा के आदिवासी लेखक पियो जिरिमू[1] ने प्रस्तुत की थी जिसे दुनिया के अधिकांश आदिवासी लेखकों और साहित्यकारों ने स्वीकार किया। इनमें अफ्रीका के न्गूगी वा थ्योंगो और भारत की वंदना टेटे प्रमुख हैं। हालाँकि गैर-आदिवासी साहित्यिक और अकादमिक जगत में अभी भी वाचिक साहित्य यानी 'लोक-साहित्य' की स्वीकार्यता ज्यादा है।

वाचिकता (ऑरेचर) ही साहित्य है

गैर-आदिवासी समाज लिपिबद्ध अनुभव और ज्ञान को, इनसान की काल्पनिक और यथार्थवादी सर्जना को, साहित्य मानता है। जीवन, प्रकृति और सम्पूर्ण विश्व के

सम्बन्ध में उनका पूरा डिस्कोर्स 'लिखित ज्ञान अथवा साहित्य' की परिधि के भीतर होता है। लिपिबद्ध भाषा और लिखित साहित्य जिसके दो प्रमुख औजार या हथियार हैं। यह अवधारणा औद्योगिक विकास से उपजी स्कूलिंग सिस्टम के जरिये सत्य की तरह स्थापित कर दी गई है कि भाषा वही है, जिसकी लिपि है, जिसके पास लिपिबद्ध व्याकरण है। इसी तरह से साहित्य भी वही है जो एक व्याकरण-सम्मत भाषा के जरिये लिखी गई है। इसी एकपक्षीय अवधारणा के कारण आदिवासी भाषाएँ बोलियाँ हैं और उनका साहित्य साहित्य नहीं है। वह अनगढ़ और मौखिक साहित्य है। चूँकि आदिवासियों के पास लिखित भाषा और साहित्य नहीं है इसलिए उनके पास न तो इतिहास है, न ही ज्ञान-विज्ञान की कोई बौद्धिक और कलात्मक कौशल की परम्परा। सूत्रबद्ध रूप में वह वाचिकता (ऑरेलिटी) और साक्षरता (लिटरेसी) की भिन्नता और उनके बीच के ऐतिहासिक अन्तरसंघर्ष को सूचित करता है। ऑरेलिटी धरती के प्रथम निवासियों के ज्ञान और विश्वास परम्परा का वाहक है, जिसमें सिर्फ बोलकर या लिखकर सबकुछ ज्यों का त्यों नहीं प्रस्तुत किया जा सकता, जबकि लिटरेसी में आप सिर्फ लिख और पढ़कर दुनिया के सबसे बड़े दार्शनिक बन सकते हैं। यह अकारण नहीं है कि धर्मग्रंथों को पूर्व और पश्चिम के समाजों में सर्वश्रेष्ठ और शिक्षकों को ईश्वर से भी अधिक पूज्य माना जाता है।

दरअसल, इस डिस्कोर्स में ऑरेलिटी यानी आदिवासी विश्वास और विजडम की परम्परा को समझने में जो सबसे बड़ी दिक्कत लोगों को होती है, वह है आदिवासी समाज में उनकी तरह किसी पवित्र शास्त्र का नहीं होना। केन्याई आदिवासी लेखक और दार्शनिक जॉन सामुएलम्बिती कहते हैं : 'आदिवासी धर्म और दर्शन के अध्ययन में बाहरी दुनिया को सबसे बड़ी कठिनाई यह होती है कि इस बारे में कहीं कुछ लिखित नहीं है। यह सिर्फ आदिवासी समुदाय के प्रत्येक लोगों के दिल, दिमाग, अनुष्ठानों और रीति-रिवाजों में संरक्षित है, जिसका वाहक पूरा समुदाय है। इस परम्परा के वहन की सचेत जिम्मेदारी उन लोगों पर होती है जो समुदाय के अगुआ हैं, समुदाय और ग्राम के प्रधान हैं, और जो आनुष्ठानिक व ज्ञान-परम्पराओं के सामुदायिक प्रमुख हैं।'

लिखित समाज राइटिंग ट्रेडिशन वाला है और राइटिंग ट्रेडिशन मूलतः एक खास धर्म, दर्शन और भाषा का कोडिफिकेशन है। अपने कोडिफिकेशन अर्थात् लिखित साहित्य के जरिये ही वह आदिवासियों को डी-कोड करने की कोशिश करता है, जबकि आदिवासी मानते हैं कि आदिवासी दर्शन में निहित ज्ञान और तत्त्वों को महज भाषाबोध से नहीं समझा या डी-कोड किया जा सकता है। क्योंकि आदिवासी भाषाएँ

शब्दों और ध्वनियों पर निर्मित एक संरचना या महज अभिव्यक्ति नहीं हैं। आदिवासी भाषाओं का कोई भी शब्द सत्य अथवा वास्तविकता और परफॉरमेंस से परे नहीं होता जैसाकि दूसरी सभ्यताओं की भाषाओं के शब्दों में हम पाते हैं। वास्तविकता (सत्य) और परफॉरमेंस से अलग आदिवासी विश्वास, धर्म और भाषा का कोई अस्तित्व नहीं है या इनसे वह इस तरह से जुड़ी है कि आप भाषा को अलग नहीं कर सकते। अलग करेंगे तो भाषा अपना सांस्कृतिक विश्व खो बैठेगी और मृतप्राय हो जाएगी। इसी वजह से आदिवासियों का प्राचीन साहित्य जिसे अकादमिक जगत में लोक और फोक कहा जाता है और हम आदिवासी जिसे पुरखा साहित्य कहते हैं, कोई कल्पना का साहित्य नहीं है, बल्कि वास्तविक अनुभवों से रचा-बसा सचाई का साहित्य है। पुरखों की इसी समझदारी की वजह से पूरी दुनिया के हम आदिवासी अपने साहित्य को, ऑरेचर को, 'फिक्शन' या 'गल्प' नहीं कहते हैं, सच कहते हैं। इस प्रकार ऑरेलिटी लिटरेसी से एक भिन्न दुनिया है।

वाचिकता (ऑरेलिटी) के आदिवासी स्रोत

ऑरेलिटी क्या है? इसके मुख्य तत्त्व क्या हैं? आदिवासी समाज में व्याप्त और प्रचलित आदिवासी भाषा, पुरखा साहित्य और आदिवासी विश्वास अर्थात् ऑरेलिटी का प्रस्तुतीकरण कैसे और किन-किन रूपों में होता रहा है? चित्रांकन, कला एवं स्थापत्य, कहन, गायन और नृत्य, यानी परफॉरमेंस की आदिवासी परम्पराओं में हम इस ऑरेलिटी को प्रत्यक्षतः देख सकते हैं। इन्हीं रूपों के जरिये आदिवासी समाज अपनी परम्परा और विश्वदृष्टि को एक पीढ़ी से दूसरी पीढ़ी तक ले जाता रहा है। ले जा रहा है।

1. रॉक आर्ट

ऑरेलिटी का पहला स्रोत है रॉक पेंटिंग्स। दुनियाभर में जहाँ-जहाँ आदिवासी बसाहट है, वैसे सभी क्षेत्रों में शैल और गुफा चित्रों की पूरी की पूरी श्रृंखला है। जो भी रॉक पेंटिंग्स मिली हैं, आधुनिक अध्येताओं के अनुसार, वे सब-की-सब हजारों वर्ष पुरानी हैं। मतलब, जब लिटरेसी का विकास भी नहीं हुआ था, आदिवासी समुदायों ने अनुभव, ज्ञान, इतिहास और कला-कौशल के परफॉरमेंस और डॉक्यूमेंटेशन की एक व्यवस्थित पद्धति की शुरुआत कर दी थी। जिन्होंने मध्य प्रदेश के भीम

बैठका के शैल-चित्रों या देश के दूसरे हिस्सों में इस तरह की रॉक पेंटिंग्स देखी हैं, वे ऑरेलिटी के इस स्रोत में बहुत ही स्पष्टता के साथ आदिवासी विश्वासों की अभिव्यक्ति देख सकते हैं। उनके परफॉरमेंस केन्द्रित जीवन-शैली का साक्षात्कार कर सकते हैं। लेकिन तथाकथित खोजकर्ताओं, नृतत्त्वविज्ञानियों और इतिहासकारों ने इस स्रोत को महज आदिम रेखांकन माना—कला, साहित्य या इतिहास नहीं; जबकि शैल-चित्र प्रकृति, जीव-जगत, आखेट और नृत्यों के परफॉरमेंस को दर्शाते हुए कह रहे हैं कि आदिवासी जीवन प्रकृति-आधारित है। जल, जंगल और जमीन उनकी आजीविका और विश्वास के प्राथमिक तत्त्व हैं।

2. स्थापत्य, क्राफ्ट और कला-परम्पराएँ

दूसरा स्रोत स्थापत्य और विभिन्न तरह के क्राफ्ट एवं कला-रूप हैं। ऑरेलिटी की परम्परा को समझने में आदिवासी स्थापत्य, क्राफ्ट और कलाएँ हमारी बहुत मदद करती हैं। इसमें सबसे प्राचीन हैं मेगालिथ। हम झारखंड के आदिवासी समुदाय इसे पत्थरगड़ी, हड़गड़ी, ससनदिरी आदि कहते हैं। गाँव बसाने के समय, मृतक पुरखा आत्माओं की स्मृति में और एक पीढ़ी के मुखिया के दिवंगत हो जाने पर पत्थर गाड़ते हैं। इन पत्थरों को आधुनिक इतिहास 'शिलालेख' के रूप में स्वीकार नहीं करता। क्योंकि आदिवासी इतिहास के इस ऑरल ट्रेडिशन में इन पत्थरों पर उन्हें उनकी किसी भी भाषा में कुछ लिखा हुआ नहीं मिलता। लेकिन आदिवासियों को पता होता है कि गाँव और ससनदिरी में गाड़े गए हर पत्थर का एक इतिहास है।

स्थापत्य, क्राफ्ट और विभिन्न कला-रूपों, जैसे—मास्क, कॉस्ट्यूम्स, गोदना, वाद्ययंत्र और जीवनोपयोगी दूसरी वस्तुओं में भी हम ऑरेलिटी को संरक्षित पाते हैं। मास्क, जो कि विशेष अनुष्ठानों और अवसरों पर ही प्रयोग किए जाते हैं। जैसे—भारत के भील आदिवासी समुदाय नवरात्र के समानांतर महीनेभर तक चलनेवाले अनुष्ठान 'गवरी' में 'राई बुड़िया' मास्क का उपयोग करते हैं। 'राई बुड़िया' मास्क मेरे विचार से सूर्य की अनुकृति है और आदिवासी विश्वास में सूर्य का स्थान सबसे महत्त्व का है। हम झारखंड के आदिवासी सूर्य को ही 'सिंगबोंङा' कहते हैं। 'गवरी' में 'राई बुड़िया' के चरित्र का निर्वाह करनेवाले और मुंडाओं के 'पाइका' नृत्य के परफॉरमर्स के कास्ट्यूम्स विशेष डिजाइन वाले होते हैं। इसी तरह से गोदना यानी टैटू विभिन्न आदिवासी समुदायों में प्रचलित विश्वासों को व्यक्त करते हैं। टैटू के कई डिजाइनों में तो उस आदिवासी समुदाय का इतिहास तक दर्ज हुआ रहता है।

3. आनुष्ठानिक और परफॉरमेंस स्थल

फिर हैं, अनुष्ठानों और परफॉरमेंस के स्थल। जैसे—जहाँ धार्मिक विश्वास के क्रियाकलाप सम्पन्न किए जाते हैं, हम उन्हें सरना, जाहेर थान, देशाउलि आदि कहते हैं। ऐसे स्थल पर साल वृक्षों का एक झुरमुट होता है और झारखंड के प्रत्येक आदिवासी गाँवों में इसकी जगह सुनिश्चित होती है। जहाँ सभी तरह के दूसरे परफॉरमेंस होते हैं, हम उसे अखड़ा कहते हैं। अखड़ा, यानी प्रत्येक गाँव का वह स्थल जहाँ सभी तरह के सामाजिक और सांस्कृतिक गतिविधियों का आयोजन होता है। अखड़ा की सबसे बड़ी विशेषता यह है कि इसमें कोई दर्शक नहीं होता। हर दर्शक परफॉरमर होता है और हर परफॉरमर दर्शक। मतलब, अखड़ा में हर कोई नाचता ही नाचता है। गाता ही गाता है।

4. सामुदायिक परफॉरमेंस

इसके बाद आता है कम्यूनिटी परफॉरमेंस। आदिवासी जीवन अपने-आपमें अनेक परफॉरमेंसों का एक इंद्रधनुषी सम्मुचय है, जिसमें नृत्य है, गीत है, संगीत है, आखेट है और अनुष्ठान है। इन्हें जिए बिना आदिवासी नहीं हुआ जा सकता। यहाँ तक कि जिन आदिवासियों ने ईसाई या हिन्दू धार्मिक विश्वासों को अपना लिया है, वे भी परफॉरमेंस के इन रूपों को नहीं छोड़ सके हैं। इस सन्दर्भ में महत्त्वपूर्ण यह है कि कोई भी परफॉरमेंस एकल नहीं होता। गीत गाने के लिए नाचना जरूरी है, नाचने के लिए बजाना जरूरी है और इन सबके लिए प्रकृति का साहचर्य होना जरूरी है, सामूहिक होना जरूरी है। बाहरी समाजों की तरह यहाँ कोई अकेला गीतकार, गायक, वादक या नर्तक नहीं होता।

5. स्मृति गीत, गाथाएँ और पुरखा कहावतें व साहित्य

स्मृति गीत और गाथाएँ ऑरेलिटी के प्रमुख तत्त्वों में से हैं। ये आदिवासी समाज में व्याप्त अन्य गीतों और कहानियों से भिन्न होते हैं। इनका सम्बन्ध मुख्य रूप से पुरखा इतिहास और ऐतिहासिक घटनाओं से होता है। सृष्टि, प्रकृति और जीव-जगत से प्राप्त अनुभव भी स्मृति गीतों और गाथाओं के विषय होते हैं।

ऑरेलिटी के इसी भाग में पुरखा साहित्य और पुरखा कहावतें भी सम्मिलित हैं। आदिवासी विश्वास को पुरखा कहावतों, गीतों और कथाओं में मौखिक रूप

से सहेजने और हस्तांतरित करने की परम्परा रही है। तथाकथित आधुनिक समाज इन्हें लोक-साहित्य के विभाग में रखता है—लोकोक्तियों, मुहावरों आदि को प्रकीर्ण साहित्य में और गीतों-कथाओं को लोक-साहित्य के मुख्य भाग में। बाहरी समाज इन्हें महत्त्वपूर्ण तो मानता है पर इस स्थापना के साथ कि ये लोक की पिछड़ी अवस्था के अनुभव हैं। हालाँकि वर्तमान के आधुनिक इस पिछड़ी अवस्था से बहुत आगे आ गए हैं, लेकिन ये समसामयिक जीवन के लिए अप्रासंगिक हो चुके हैं—आदिवासी समाज की दृष्टि से, जबकि वे आज भी उतने ही प्रासंगिक हैं, जितने कि वे पहले थे।

6. अदृश्यता

अदृश्यता ऑरेलिटी की एक प्रमुख प्रवृत्ति रही है। इस प्रवृत्ति के अनुसार सृष्टि में बहुत कुछ अदृश्य है जिसे हम स्थूल अथवा प्रत्यक्ष रूप में नहीं जानते। पर उसका अनुभव कर सकते हैं। अदृश्यता की यह प्रवृत्ति हमें खास तौर से आदिवासी नामकरणों में देखने को मिलती है। इन नामकरणों में आदिवासी विश्वास और इतिहास अदृश्य रूप में मौजूद रहता है। जैसे—क्षेत्र, गाँव और व्यक्ति के नामकरणों में। वे खुद को 'होड़' कहते हैं। होड़ मतलब—इनसान। लैंगिक विभाजन के लिए आदिवासियों के पास आदमी और औरत जैसे मूल शब्द नहीं हैं। संताल, मुंडा, खड़िया, भील, गोंड, नागा जैसे पद आदिवासियों ने नहीं दिये, नृतत्त्वविज्ञानियों ने दिये हैं। आदिवासी तो खुद को बिरहोड़ यानी जंगल का इनसान ही कहते हैं। इसी प्रकार गाँवों के नाम में भी क्षेत्रीय विशेषता, इतिहास अदृश्य रूप में विद्यमान रहता है। जैसे बीरभूम—जंगल का क्षेत्र। जोजोहातु—इमली के पेड़ों वाला गाँव। दुरंगदह—गानेवाली नदी। इसी तरह आदिवासी परिवार के सदस्यों के नाम में भी गोत्र, समुदाय और परिवार का इतिहास अदृश्य रहता है। नई पीढ़ी का कोई-न-कोई सदस्य—चाहे वह बच्चा हो या बच्ची—अपने दादा-दादी, नाना-नानी या पुरखा व्यक्ति के नाम का वहन करता है। इस अर्थ में आदिवासियों के नाम सिर्फ नाम नहीं होते।

7. ऑरल ज्ञान-केन्द्र

आदिवासी समाज में ज्ञान के लिए ऑरल संस्थानों की मौजूदगी हमेशा से रही है—विशेषकर युवाओं के लिए। गैर-आदिवासी समाजों में किशोरों और युवाओं को समाज में अनदेखा किया जाता है। उनके लिए समाज से दूर किसी गुरु अथवा

शिक्षकों के एक समूह के नियंत्रण में आश्रम और स्कूल-कॉलेज की व्यवस्था की जाती है। आदिवासी समाज में ऐसा नहीं होता। किशोरों और युवाओं के लिए विशेष तौर पर गाँव के भीतर ही युवागृहों और गीतिओड़ा, धुमकुड़िया, गीताःचाड़ी व घोटुल जैसे ज्ञान के सजीव केन्द्र होते हैं, जहाँ बुजुर्ग और बड़े-बूढ़े अपने व्यक्तिगत अनुभवों व ज्ञान के साथ-साथ समुदाय का विश्वास और पूरी ज्ञान-परम्परा को युवाओं से साझा करते हैं।

8. आदिम गुरिल्ला प्रवृत्ति

आदिवासी ऑरेलिटी का नैसर्गिक पहलू है उसका गुरिल्लापन। आदिवासी इस धरती के आदिम गुरिल्ले हैं। उन्होंने आखेट किया गुरिल्ला तरीके से। कृषि कर्म की शुरुआत की झूम खेती यानी खेती-किसानी भी गुरिल्ला ढंग से। धरती के हर एक हिस्से में वे गुरिल्ला तरीके से गए और अपनी बसाहटों का निर्माण किया। कम-से-कम वस्तुओं और बिना संग्रह वाली जीवन-शैली विकसित करने के पीछे उनकी गुरिल्ला वाली स्थिति ही थी। पृथ्वी और उसके संसाधनों का न्यूनतम इस्तेमाल गुरिल्ला प्रकृति में ही सम्भव है। दोहन तो बिलकुल ही नहीं। जीवन को जीने का उनका पूरा तरीका गुरिल्ले-सा है।

9. सृष्टि : सर्वोच्च नियंता मार्गदर्शक

आदिवासी समुदाय इनसानों से पहले धरती, समस्त प्रकृति और जीव-जगत को, सृष्टि के हर सजीव-निर्जीव को सर्वोच्चता देते हैं। वे यह विश्वास करते हैं कि सृष्टि के अनुशासन से कोई भी बाहर नहीं है, कोई छोटा-बड़ा, महत्त्वपूर्ण या फालतू नहीं है। इनसान ही सिर्फ विवेकशील प्राणी नहीं है बल्कि सृष्टि के हर अंगों व तत्त्वों में विवेक है। जिस तरह से वनस्पतियाँ, नदियाँ, पहाड़, जंगल, धरती, कीट-पतंग आदि सृष्टि से अनुशासित हैं, इनसान को भी उसकी अवमानना नहीं करनी चाहिए। आदिवासियों का विश्वास है कि तकनीकी विकास को सृष्टि-सम्मत ही होना चाहिए, उसका विरोधी और विध्वंसक नहीं। वे अपने पुरखों के इस कथन पर यकीन करते हैं कि जल, जंगल, जमीन, कीट-पतंग और पशु-पंछी पृथ्वी के सबसे पहले तत्त्व हैं और इनसान इन सबसे बाद में पैदा और विकसित हुआ है। चूँकि सृष्टिकर्ता ने उसे सबसे समझदार और जिम्मेदार बनाया है, इसलिए उसकी भूमिका पृथ्वी के संरक्षक यानी केयरटेकर की है, मालिक या लॉर्ड की नहीं।

10. भाषा

भाषा ऑरेलिटी का सबसे सजीव तत्त्व है। इसका सृजन प्रकृति, जीव-जगत और इनसान के बीच संवाद के लिए हुआ जो सहजीविता और सहअस्तित्व के लिए जरूरी है। इसी आदिवासी विश्वास के कारण आदिवासी भाषाओं में नकारात्मक और अवमूल्यन करनेवाले शब्दों की मौजूदगी नहीं मिलती है, जैसाकि हम तथाकथित रूप से दूसरी भाषाओं में पाते हैं। हमें यह जबरन सिखाया जाता है कि ये विकसित और वैज्ञानिक भाषाएँ हैं, और फिर इन विकसित और वैज्ञानिक भाषाओं के द्वारा हम सहअस्तित्व, लैंगिक गरिमा, श्रम और नस्लीय अवमूल्यन करनेवाले शब्दों और उनमें मौजूद गैर-प्राकृतिक, गैर-इनसानी अवधारणाओं को ग्रहण करते हैं। लेकिन यहाँ मैं जोर देकर यह उल्लेख करना चाहूँगी कि आदिवासी भाषाओं में मजदूर, चोर, अपराधी, लालच, घृणा और माँ-बहन की गालियों जैसे नकारात्मक शब्दों का नितांत अभाव है।

आदिवासी भाषा की दूसरी विशेषता यह है कि यह अपने-आपमें कोई पूर्ण इकाई नहीं है। आदिवासी भाषाएँ अनिवार्य रूप से क्रियात्मक व्यवहारों से यानी कि परफॉरमेंस से जुड़ी होती हैं। इसीलिए भाषा बोलते हुए आदिवासी बहुत नहीं बोल पाते। समाज और भाषाविज्ञानियों ने ऑरेलिटी की समझ नहीं रहने के कारण आदिवासियों के कम बोलने को—'संकोच', 'अन्तर्मुखी' और 'बेजुबान'—वॉइसलेस तक कह डाला है जबकि आदिवासी इसलिए कम और संक्षिप्त शैली में अपनी बात रखते हैं क्योंकि उनका विश्वास है कि भाषा सबकुछ व्यक्त नहीं कर सकती, और परफॉरमेंस के बिना तो यह निरर्थक ही हो जाती है।

हमारा खयाल है, ऑरेलिटी के जिन प्रमुख दस बिंदुओं का यहाँ जिक्र हमने किया है, इनको विस्तार से जाने बिना आदिवासी भाषा, पुरखा साहित्य और आदिवासी विश्वास को समझना असम्भव है। ऑरेलिटी को लिटरेसी या लिटरेचर की दृष्टि से जानने और समझने में बाहरी अध्येता असफल ही हुए हैं। लिटरेट दुनिया आदिवासी विश्व-दृष्टिकोण को समझने में नाकाम रही है—अनजाने में भी और जानबूझकर भी। बाहरी समाज के लोग एक व्यवस्था की जगह दूसरी व्यवस्था की स्थापना के लिए संघर्ष कर रहे हैं, जो अभी से बेहतर और ज्यादा मानवीय होगी। लेकिन आदिवासी अमानवीय, कम अमानवीय या बिलकुल अमानवीय जैसी किसी सत्ता के लिए संघर्ष नहीं कर रहे हैं। वे जिस व्यवस्थारहित समाज में जी रहे हैं, उसे बचाने के लिए लड़ रहे हैं। 'काल्पनिक सत्य' और 'वास्तविक सत्य' के बीच

का यह संघर्ष, ऑरलिटी और लिटरेसी, दो संस्कृतियों का टकराव है। आदिवासी भाषा और पुरखा साहित्य हमें यही बताता है। सृष्टि के रचाव-बचाव के प्रयासों में आदिवासी विश्वास के साथ वह हमें व दुनिया की सभी सभ्यताओं को और भी मजबूती के साथ खड़े रहने का सन्देश देता है।

आदिवासी गीत : वाचिकता, आधुनिकता और आदिवासियत

आदिवासी 'होड़' (इनसान) समाज नैसर्गिक रूप से गेय है और अभी तक उसका मानस प्रकृति की ध्वनियों और उससे उत्पन्न सांगीतिक विरासत से विलग नहीं हुआ है। 'होड़' लोग गेयता और लयात्मकता में जीते हैं जो उन्होंने प्रकृति और श्रम के साहचर्य से सीखा है। वास्तव में आदिवासी कविताओं की मूल प्रकृति 'गीत' की ही है जिसका रचयिता कोई एक नहीं बल्कि पूरा समुदाय हुआ करता है। उसमें संगीत और नृत्य की अनिवार्य मौजूदगी होती है और जिनके बिना गीतों का कोई अस्तित्व नहीं रहता। आदिवासी गीत एवं कविताएँ सृजन की इस सांगीतिक परम्परा को अपने साथ लेकर चलती हैं।

नये लिखित गीतों की संरचना और कविताओं की बुनावट में स्पष्टतः परम्परा और आधुनिकता के बीच का बोध भी दिखाई दे सकता है। इस संरचनात्मक बदलाव का कारण निःसन्देह वह 'अ-गेय' व्यवस्था है जिसने 17वीं-18वीं सदी के बाद तेजी से आदिवासी समाज और उसके संसाधनों को अपने घेरे में लेने की हर सम्भव कोशिश की है। इस कोशिश में वह बहुत हद तक सफल भी रहा है जिसकी वजह से वाचिक और गेय आदिवासी समुदायों का एक हिस्सा 'विकास', 'शिक्षा', 'संस्कृतीकरण' आदि के 'गद्यात्मक' चपेट में आया और उसने अपने अनुभवों व रचाव-बचाव को लिखने की शुरुआत की, चाहे वह मुंडारी के लोकप्रिय गीतकार दुलाय चन्द्र मुंडा हों, अंग्रेजी में लिखनेवाली पूर्वोत्तर की तेमसुला आओ हों, या कि हिन्दी साहित्य में कविता के लिए कम जानी-सुनी गई इरोम शर्मिला और बिलकुल नये जनार्दन गोंड हों—सभी अपने-अपने समुदाय की गेय सांगीतिक परम्परा से जुड़े 'गद्यात्मक' दौर के 'लिखने' वाले कवि हैं। इसीलिए इनकी कविताओं में जहाँ सांगीतिक विरासत की पारम्परिक ध्वनियाँ-भर हैं, वहीं कथ्य और विषय आदिवासी के जीवन-संगीत से ध्वनियों के जबरन बिखराव और लूट को बार-बार, लगातार इंगित करनेवाले हैं। प्रकृति, प्रेम और श्रम की महत्ता जो उनके दर्शन और सहजीवी जीवन के मूल तत्त्व हैं, इस बिखराव, लूट और चौतरफा सांस्कृतिक-आर्थिक हमले

से गहरे संकट में हैं जिससे उनके समकालीन गीत-कविता व 'कहन' की शैली और स्वर—दोनों में बदलाव स्पष्टतः दिखलाई पड़ता है। शब्दों और ध्वनियाँ ही नहीं, प्रकृति के संसाधनों का सबसे न्यूनतम उपयोग करनेवाले आदिवासी समुदाय के आज के कवि अपने परम्परागत स्वभाव के अनुरूप चार-छह पंक्तियों में नहीं 'गा' पा रहे हैं। वे लम्बी कविताएँ लिख रहे हैं, जैसाकि आप रामदयाल मुंडा, ग्रेस कुजूर या अनुज लुगुन की कविताओं में देखेंगे। इन सबका स्वर भी तीखा है। कारण वही है, नई अ-गेय गद्यात्मक व्यवस्था में उनका बिखराव और लूट।

रामदयाल मुंडा ने इसे 'वापसी, पुनर्मिलन और अन्य गीत' के आत्मकथ्य में स्वीकार करते हुए कहा है : 'यहाँ (झारखंड) के जनजीवन में जो कुछ हो रहा है जिसका अनुभव थोड़े शब्दों में व्यक्त करने में हम अपने को असमर्थ पा रहे हैं। इसलिए कविताएँ पिछली बार की तुलना में अपेक्षाकृत लम्बी हो गई हैं, और तद्नुरूप उनका स्वर भी बदल गया है।'

यह किस तरह से बदला है और बदल रहा है, इसे समकालीन आदिवासी कवियों की कविता से समझें। दुलायचन्द्र मुंडा का गीत है :

कौन-सा रास्ता लिया?
नहीं दिखते तुम्हारे कदमों के निशान तक
मैं कहाँ खोजूँगी?
तिरिरिरि बाँसुरी के स्वर में
मैं तुमको नहीं सुनती हूँ।

प्रस्तुत उद्धरण अपनी मूल भाषा मुंडारी में गीत रूप में लिखा गया है और पूरा गीत मात्र चार कड़ियों का है, इसमें भी हर कड़ी में सिर्फ दो ही पंक्तियाँ नई हैं और अन्तिम तीन पंक्तियाँ सबमें दोहरायी गई हैं।

ठीक इसी भाव का एक पुरखा मुंडारी गीत है :

नदी के किनारे, कदंब पेड़ के नीचे,
तिरिरिरि की आवाज में बाँसुरी बज रही है।
हे प्रिय! हे मित्र!
तुम कहीं भी दिखाई नहीं देते। ['बाँसरी बज रही', पृ. 109]

रामदयाल मुंडा की लम्बी कविता 'कथन शालवन के अन्तिम शाल का' का एक अंश है :

मैं सबकुछ देख रहा हूँ
और क्रोध से पागल हुआ जा रहा हूँ।
मुझे अगर इस षड्यंत्र का पता होता
तो विकसित करता अपने भीतर
विषाक्त कोई द्रव
जो मेरी खाल छूनेवालों को
कर देता खार-छार;
या कि ओढ़ता काँटे जो चुभते
मात्र दृष्टिपात पर।

बिलकुल नये और युवा कवि अनुज लुगुन 'गुरिल्ले का आत्मकथन' में लिखते हैं :

इससे हास्यास्पद
और क्या हो सकता है कि
मेरे घर की मुर्गियाँ खो गईं
सूअर दड़बों सहित गायब हैं
हल जोतते बैल या तो
खेत में समा गए हैं
या, खेत में दब गए होंगे गोबर से
नदी अपना रास्ता बदलकर
गाँव में घुस गई होगी या, पूरा गाँव
गाँव सहित नदी में डूब गया है।

रामदयाल मुंडा और अनुज लुगुन, दोनों की यहाँ उद्धृत कविताएँ सौ से अधिक पंक्तियों की हैं यानी इतने शब्दों और पंक्तियों में कम-से-कम 20 से 25 परम्परागत गीतों की रचना हो जाती। उपरोक्त तीनों कविताओं का विषय भी एक ही है : बाहरी दबावों से बिखरता हुआ आदिवासी जीवन और समाज। लेकिन परम्परागत कवि-गीतकार दुलायचन्द्र मुंडा जिसे परम्परागत सांगीतिक संरचना में व्यक्त कर रहे हैं, उसी को बिलकुल दूसरे स्वर और शैली में रामदयाल और अनुज अभिव्यक्ति दे रहे हैं। हाँ, तीनों के कहने की मूल प्रकृति 'आदिवासियत' है—बिना लाउड हुए सच को 'सच' की तरह कहना। किसी 'वाद' और 'प्रतिपक्ष' की मुद्रा बनाये बगैर।

शालवन का अन्तिम शाल वृक्ष क्षण-भर के लिए तो क्रोध में आता है, पर तुरन्त अपने मूल स्वभाव में लौटते हुए कहता है :

अच्छा ही हुआ/कि अपने साथी, जंगल के आदमी,
के जीवन के पूर्ण विघटन के पहले/हम ही जा रहे हैं।

यह लौटना स्थितियों से पलायन अथवा कायरता नहीं है—हिंसा को टालने की स्वभावगत विनम्रता है, जिसे दूसरे लोग बेवकूफी और भोलापन मान लेते हैं। और इस विनयशीलता की यह सद्बुद्धि महान सभ्यता के ऐसे नागरिकों को उम्र के उस चौथे हिस्से में ही आती है जब उनके सारे अंग निस्तेज हो जाते हैं या फिर यह कुछ उन विशेषज्ञों को प्राप्त होता है जो इस सहज ज्ञान को पाने के लिए एकांत में जाकर वर्षों असहज विधियाँ अपनाते हैं। जाहिर है, इनसान होने के कारण आदिवासी भी भावनाओं के भँवर के करीब चला जाता है, परन्तु उसकी दार्शनिक अवस्थिति उसे तुरन्त वहाँ से बाहर निकाल लाती है। इसलिए आदिवासी जन विपरीत और विषम परिस्थितियों में भी विनयशीलता नहीं भूलते और आनन्द से बहुत देर तक अलग नहीं रह पाते। यही वह अनमोल उपहार है जिसे प्रकृति ने उन्हें बख्शा है और जिसका सम्मान वे हर हाल में करते हैं। आदिवासियों के इस मूल दर्शन को नहीं जानने के कारण ही तथाकथित सभ्य समाज के बौद्धिक इसे 'रोमांटिसाइज' करना मान लेते हैं।

पिछले कुछ सालों में एक और प्रवृत्ति आदिवासी कविता के सम्बन्ध में बार-बार दिखलाई पड़ी है। वह प्रवृत्ति है आदिवासी कविताओं को गैर-आदिवासी मानकों पर परखने की। अपनी विशेष परख-दृष्टि पर आदिवासी रचनाओं को कसते हुए वैसी तमाम कृतियों को भारत के वृहत्तर साहित्य समाज ने कविता मानने से इनकार कर दिया, जो आदिवासीपन के साथ लिखी गई हैं। जैसे—रामदयाल मुंडा, ग्रेस कुजूर, उज्ज्वला आदि की मूल हिन्दी में ही रची गई कविताएँ, जिनकी कोई नोटिस नहीं ली गई। लेकिन जैसे ही निर्मला पुतुल की गैर-आदिवासी मनोभूमि वाली कविताएँ सामने आईं, हिन्दी समाज ने उसे हाथों-हाथ लपक लिया। ऐसा इसलिए कि निर्मला की अधिकांश कविताएँ हिन्दू समाज की सांस्कृतिक संरचना के अनुरूप जाति, धर्म, लैंगिक उत्पीड़न, घरेलू हिंसा और औपनिवेशिक दिनों के बाद हुए आदिवासियों के जबरन परिवर्तित व्यवहार पर 'हमला' करती हैं। मतलब, उन्हें तेमसुला, रामदयाल या वाहरू नहीं चाहिए, उन्हें आदिवासियत से रहित 'निर्मला' चाहिए, जो उनकी भाषा और मुहावरे में बात करे, और जो आदिवासियों का होते हुए भी आदिवासी सच नहीं हो—पिंजरे में बन्द ठीक उस बाघ-भालू की तरह जो दिखता तो है वास्तविक रूप

में, पर स्वभाव में वह कैदी और गुलाम ही रहता है—अपने बचाव के प्रकृति-प्रदत्त नख-दंत नैसर्गिक अधिकारों और हथियारों से विहीन।

इस तरह का लेखन आदिवासियत की परम्परा का निषेध करता है और सहजीवी व सहअस्तित्व वाले मूल आदिवासी दर्शन को हाशिए पर डालता है। आदिवासी रचनाकारों को 'आत्मालोचना' के इस वैचारिक प्रपंच से सचेत रहना होगा। क्योंकि आत्मालोचना का अर्थ अपने को दीन-हीन और तमाम बुराइयों से ग्रस्त बताना नहीं, बल्कि कमजोरियों को चिन्हित करते हुए अपने मूल दर्शन की चिकित्सा से उसका यथोचित उपचार करना है, जैसाकि अधिकतर आदिवासी रचनाओं में हम पाते हैं। इस संग्रह की अधिकांश रचनाएँ भी परम्परानुसार उपचारात्मक हैं जो न स्वयं और न ही दूसरे पर किये गए हमले को समस्याओं का हल मानती हैं। हिंसा के किसी भी रूप को प्रोत्साहित भी नहीं करतीं। समकालीन आदिवासी कविताएँ चूँकि समुदाय की सांगीतिक परम्परा की ही अगली कड़ी हैं इसलिए उसे उसके नैसर्गिक स्वभाव से हटाना आदिवासियत के दर्शन पर चोट करना है।

भाषागत, सामाजिक-आर्थिक, सांस्कृतिक और धनलोलुप प्रवृत्तियों का दबाव लगातार बढ़ रहा है। हम देख रहे हैं कि बीते हुए वर्षों में देश और दुनिया का राजनीतिक मिजाज बहुलतावादी सहिष्णुता से पीछे हटा है। नस्लीय वर्चस्व के द्वंद्व और विश्वव्यापी आर्थिक मंदी तथा होड़ के चलते शक्तिशाली राजनीतिक समूहों ने समूची दुनिया को नस्लीय, धार्मिक और लैंगिक घृणा एवं युद्ध का मैदान बना डाला है। इसकी कीमत जब सबसे ज्यादा आदिवासी जन, स्त्रियाँ, अल्पसंख्यक समूह और सामाजिक-आर्थिक रूप से अत्यधिक पिछड़े लोग चुका रहे हैं; महान सभ्यताओं के बौद्धिकों के एक बड़े हिस्से ने कविता और इतिहास के अन्त की घोषणा करते हुए बहुत पहले हथियार डाल दिया है। प्रतिपक्ष की दूसरी धूरी को ध्वस्त हुए चार दशक होने जा रहे हैं। समता, न्याय और शान्ति के लिए प्रतिबद्ध दुनियाभर के 'वाद' 'गहन चिकित्सा कक्ष' (आईसीयू) में हैं, तो क्या यह स्वीकार कर लिया जाए कि रेड इंडियंस समुदायों के साथ ही आदिवासियत भी खत्म हो गई, या कि नियमगिरी पहाड़ के लिए रचाव-बचावरत डोंगरिया कोंध आदिवासी समुदाय भी भारत में बस मिट जाने ही वाले हैं?

हम जानते हैं कि ऐसा नहीं है। हजारों साल के रचाव-बचाव के रक्तिम इतिहास के बावजूद 'असुर' आज भी मौजूद हैं और अमेरिका के रेड इंडियंस भी। आदिवासियत का दर्शन लाइलाज होती दुनिया का आखिरी और सबसे सटीक विश्वस्त उपचार है। आदिवासी कविताएँ उपचार के लिए—उपचार के पहले,

उपचार के दौरान और उपचार के बाद—गाया जानेवाला सबसे जरूरी उपक्रम है, हमें इस विश्वास पर कायम रहना चाहिए।

इसे ही सुषमा असुर अपनी कविता में इस तरह से कहती हैं :

हे धरती के पुरखो, हे आसमान के पुरखो
ओ हमारे माता-पिता, ओ सभी असुर बूढ़ा-बुढ़िया
हम सीखेंगे तुम्हारी तरह बोलना
हम सीखेंगे तुम्हारी तरह नाचना
हम करेंगे शिकार तुम्हारी तरह
उन सभी जानवरों का
जो असुरों के घर खोद रहे हैं
जो हमारे झरनों को फुसला-बहला रहे हैं
जिन्हें धरती और इनसान खाने की लत है
हम जरूर जिएँगे तुम्हारी तरह ही
पठार की तरह निश्चिन्त निश्छल
तुम्हारे रचे इस असुर दिसुम में।

['कवि मन जनी मन', पृ. 24]

वाचिकता और आदिवासी स्त्रियाँ

शब्द हमेशा अपने साथ अपना पूरा परिवेश, मानसिकता, दृष्टिकोण लेकर आते हैं। फलतः जानने के क्रम में कई बार अर्थ का अनर्थ हो जाता है। हमारी शैली, भाषा, बिम्ब, कथ्य संक्षिप्तता में ही पूरी बात रख देते हैं। बड़े और भारी-भरकम वाक्य-विन्यासों का आदिवासी अभिव्यक्ति में, हमारी भाषाओं में सर्वथा अभाव रहता है। ध्यान रखना ही होगा कि आदिवासी जनी (स्त्री) मन का धरातल बिलकुल दूसरी तरह का है। आदिवासियत के दर्शन पर खड़ा। सम भाव जिसकी मूल प्रकृति है। प्राकृतिक विभेद के अलावा जहाँ इनसान अथवा किसी सत्ता द्वारा कृत्रिम रूप से थोपा हुआ कोई दूसरा भेद नहीं है। हालाँकि कुछ बन्दिशें यहाँ भी हैं, परन्तु सामन्ती क्रूरता और धार्मिक आडम्बरों के किले में आदिवासी स्त्री कैद नहीं है। आदिवासी समाज में पुरुष-सत्ता नहीं होने से स्त्रीवाद भी नहीं है। इसीलिए आदिवासी स्त्री की संवेदना-वेदना, चिन्ता, सौन्दर्यबोध और भौतिक संसार को

सामने लाने का प्रयास जरूरी है। वरिष्ठ कवयित्री ग्रेस कुजूर की कविता की पंक्तियाँ इस दृष्टि से महत्त्वपूर्ण हैं :

और अगर—
अब भी तुम्हारे हाथों की
अँगुलियाँ थरथराईं,
तो जान लो
मैं बनूँगी एक बार और
'सिनगी दई'
बाँधूँगी फेटा
और कसूँगी फिर से
बेतरा[2] की गाँठ
और होगा
झारखंड में
फिर एक बार
एक जबरदस्त जनी शिकार।

['कवि मन जनी मन', पृ. 49]

पहाड़ी नदी की तरह चंचल, पोखरे की तरह गम्भीर, घर के बीचोबीच खड़ा मजबूत धरना या कि आर्थिक-सांस्कृतिक पौष्टिकता लिये महुआ-सी, महिलाएँ अपने समुदाय की रीढ़ हैं। ठीक वैसे ही उनका लेखन है, जिसमें न घुमाव, न छिपाव। सरल, सहज अपने खेतों-खलिहानों, जंगल-पहाड़ों से बिम्बों को चुनती-बीछती और बतियाती। रोज केरकेट्टा हों कि फ्रांसिस्का कुजूर या फिर उज्ज्वला, ज्योति और जंसिंता—सभी नफरत, प्यार, उदासी, दुःख-तकलीफ के अपने-अपने अनुभवों से हमें आदिवासी स्त्रियों की पठार-सी पसरी दुनिया में ले जाती हैं, जहाँ सवाल करती, उद्वेलित होती, पीठ पर छउवा (बच्चा)[3] उठाए साल वनों से लेकर कंक्रीट के जंगलों में मोर्चे पर जाने की तैयारी करती साँवली छवियाँ हैं।

वे अपनी कविताओं से विकास की अवधारणा पर विमर्श करती हैं। आदिवासी स्त्रियों की आधुनिक रचनाओं, कविताओं और गीतों में, गैर-आदिवासी मूल्यों और विकास को लेकर तीखी आलोचना है, गम्भीर विमर्श है। उनके विमर्श में वर्चस्व की आक्रामकता नहीं, बचाव के युद्धगीत हैं। आदिवासी स्त्री-मन को पता है, उसकी दुनिया से इतर विश्व, चाहे वह अकादमिक ही क्यों नहीं हो, उसके समुदाय के बारे

में कैसा नजरिया रखता है। कामुकता की हद तक उसने कितनी-कितनी रूमानी भ्रांतियाँ पाल रखी हैं। युवा कवि जंसिंता केरकेट्टा की पंक्तियाँ हैं :

क्योंकि हर दायरे के बाहर
बुरी नीयत वालों का डेरा है
तुम भटकती हो अपने शहर में
अपनी जाति में, अपने लोगों में
ऐसी नीयत वाले तुम्हें मिलेंगे हर कहीं
हर खेमे में उनका अपना बसेरा है।

['कवि मन जनी मन', पृ. 71]

सवाल है, विकास किसका और कैसे? कौन-सा विश्व-दृष्टिकोण? घृणा, भेद और लूट पर आधारित सौन्दर्यबोध या कि इनसानी गरिमा की पक्षधरता वाला सांस्कृतिक मूल्य? यह अजीब बात है कि धरती, स्त्री, समष्टि को रंग, नस्ल, धर्म, लिंग और जाति में विभाजित करनेवाला भारतीय समाज व साहित्य, जो खुद को मुख्यधारा घोषित करता है, वह समताजीवी आदिवासी समाज को इनसानियत की सीख दे रहा है। आदिवासी दर्शन और साहित्य को नष्ट करने में लगा हुआ है। आदिवासी स्त्री कवियों की चेतना इससे इतर 'स्त्रीवादी' नहीं है। वे अपने स्त्री अस्तित्व को सामुदायिक आदिवासी अस्तित्व से अलग नहीं मानतीं। इसीलिए उज्ज्वला ज्योति तिग्गा कहती हैं :

इतना तो तय है
कि सब कुछ के बावजूद
हम जिएँगे जंगली घास बनकर
पनपेंगे, खिलेंगे जंगली फूलों-सा
हर कहीं, सब ओर
मुर्झाने, सूख जाने, रौंदे जाने
कुचले जाने, मसले जाने पर भी
बार-बार, मचलती है कहीं
खिलते रहने और पनपने की
कोई जिद्दी-सी धुन।

['कवि मन जनी मन', पृ. 95]

आदिवासी वाचिकता (ऑरेचर)

आदिवासी कवि स्त्रियाँ, जो सृजनरत हैं और संघर्ष के मचानों को बाँध रही हैं, इन सबका ताल्लुक विभिन्न आयु और श्रम की पृष्ठभूमि से है। उनका पेशा अध्ययन-अध्यापन, सामाजिक कार्य, नौकरी है या फिर वे निपट पारिवारिक स्तर पर श्रमरत हैं। परन्तु उनकी सोच का दायरा आदिवासी विश्व है। समुदाय में हो रहे तमाम परिवर्तन, संकट, समस्या को लेकर वे चिन्तित हैं। वे जानती हैं, बाहरी प्रभाव और हमला सिर्फ समुदाय नहीं झेलता, बच्चे और स्त्रियाँ उसके पहले निशाने पर होते हैं, क्योंकि आदिवासी स्त्रियाँ ही पीठ पर भविष्य को बेतराती हैं।

सार रूप में कहूँ तो आदिवासी साहित्य मूलतः वाचिकता (ऑरेचर) है। वाचिकता में ही आदिवासी दर्शन का प्रवाह है। आदिवासी दर्शन के प्रवाह को संरक्षित, प्रसारित और साझा करनेवाला या अपनी मूल भाषाओं में व्यक्त होनेवाला साहित्य ही आदिवासी साहित्य है। आदिवासी दर्शन और उसकी वाचिकता को जाने-समझे बगैर, आदिवासी भाषा-संस्कृति की अज्ञानता के साथ रचा जा रहा साहित्य आदिवासी साहित्य नहीं है। दर्शन, वाचिकता और भाषा के अनुपस्थित होते ही आदिवासी दुनिया भी 'अदृश्य' हो जाती है।

अतः आदिवासी साहित्य की बुनियादी शर्त उसमें आदिवासी दर्शन का होना है जिसके मूल तत्त्व हैं :

1. प्रकृति की लय-ताल और संगीत का जो अनुसरण करता हो।
2. जो प्रकृति और प्रेम के आत्मीय सम्बन्ध और गरिमा का सम्मान करता हो।
3. जिसमें पुरखा-पूर्वजों के ज्ञान-विज्ञान, कला-कौशल और इनसानी बेहतरी के अनुभवों के प्रति आभार हो।
4. जो समूचे जीव-जगत की अवहेलना न करता हो।
5. जो धनलोलुप और बाज़ारवादी हिंसा और लालसा का नकार करता हो।
6. जिसमें जीवन के प्रति आनन्दमयी अदम्य जिजीविषा हो।
7. जिसमें सृष्टि और समष्टि के प्रति कृतज्ञता का भाव हो।
8. जो धरती को संसाधन की बजाय माँ मानकर उसके बचाव और रचाव के लिए खुद को उसका संरक्षक मानता हो।
9. जिसमें रंग, नस्ल, लिंग, धर्म आदि का विशेष आग्रह न हो।
10. जो हर तरह की गैर-बराबरी के खिलाफ हो।
11. जो भाषायी और सांस्कृतिक विविधता और आत्मनिर्णय के अधिकार के पक्ष में हो।

12. जो सामन्ती, ब्राह्मणवादी, धनलोलुप और बाजारवादी शब्दावलियों, प्रतीकों, मिथकों और व्यक्तिगत महिमामंडन से असहमत हो।
13. जो सहअस्तित्व, समता, सामूहिकता, सहजीविता, सहभागिता और सामंजस्य को अपना दार्शनिक आधार मानते हुए रचाव-बचाव में यकीन करता हो।
14. सहानुभूति, स्वानुभूति की बजाय सामूहिक अनुभूति जिसका प्रबल स्वर-संगीत हो।
15. मूल आदिवासी भाषाओं में अपने विश्व-दृष्टिकोण के साथ जो प्रमुखतः अभिव्यक्त हुआ हो।

सन्दर्भ

1. The Ugandan scholar Pio Zirimu introduced the term Orature in an attempt to avoid an oxymoron, but oral literature remains more common both in academic and popular writing. The Anthem Dictionary of Literary Terms and Theory by Peter Auger Anthem Press, 2010, at Page 210 and Uhuru's Fire : African Literature East to South by Adrian Roscoe CUP Archive, 1977, at page 9. In the book Encyclopaedia of African Literature edited by Simon Gikandi Routledge, 2003 edition, defines it as, 'Orature means something passed on through the spoken word, and because it is based on the spoken language, it comes to life only in a living community. Where community life fades away, orality loses its function and dies. It needs people in a living social setting : it needs life itself.' In the book Songs and Politics in Eastern Africa by Kimani Njogu, Herve Maupeu, 2007 edition, states at Page 204 as Pio Zirimu (that Ugandan theorist who coined the word 'orature'), defines it as 'the use of utterance as an aesthetic means of expression' (as quoted by Ngugi wa Thiong'o, 1988). In the book Defining New Idioms and Alternative Forms of Expression edited by Eckhard Breitinger Rodopi, 1996, at page 78. 'This means that any 'oral society' had to develop means to make the spoken word last, at least for a while. We tend to regard all the genres of orature as belonging to the homogeneous complex of folklore.'

1. आदिवासी स्त्री योद्धा जिसके नेतृत्व में आदिवासी महिलाओं ने रोहतास गढ़ में दुश्मनों से लोहा लिया था। उस स्त्री-युद्ध की स्मृति में प्रत्येक 12 वर्ष के अन्तराल पर 'जनी (स्त्री)-शिकार' मनाने की परम्परा चली आ रही है।
2. बच्चों को पीठ पर बाँधने का कपड़ा।

आदिवासी साहित्य : परम्परा और प्रयोजन

हाय रे मछली,
तू कहाँ जायेगी रे मछली।
तू कहाँ जायेगी रे मछली।
नीचे कुमनी ऊपर झिमरी (जाल),
तू कहाँ जायेगी रे मछली?

[एक खड़िया आदिवासी गीत]

शेष दुनिया में साहित्य का जो स्थान है और इसके उद्‌देश्य को लेकर जो भिन्न-भिन्न धारणाएँ हैं, क्या साहित्य का वही महत्त्व आदिवासियों के लिए भी है? या आदिवासी समाज में शेष दुनिया से कोई अलग संकल्पना है साहित्य को लेकर? जब हम यह स्वीकार कर चुके हैं कि आदिवासी विश्व और शेष विश्व में जीवन-दर्शन और संस्कृति के स्तर पर कोई साम्यता नहीं है तथा दोनों दो सामाजिक-आर्थिक अवस्थाओं के प्रतिनिधि हैं, फिर अभिव्यक्ति और साहित्य के स्वरूप और अवधारणाएँ कैसे एक हो सकते हैं? क्योंकि साहित्य की जो स्वायत्त और नियंत्रणकारी भूमिका गैर-आदिवासी विश्व में है, ठीक वैसी ही निर्णायक और स्वायत्त भूमिका आदिवासी समाज में नहीं है। वेद से लेकर आज तक रचा जा रहा साहित्य गैर-आदिवासी विश्व के जीवन-दर्शन, मूल्यों और परम्पराओं को संरक्षित, प्रसारित एवं परवर्द्धित करने का काम बखूबी और वैधानिक रूप से कर रहा है। परन्तु साहित्य की ऐसी स्वायत्त और स्वतंत्र वैधानिक भूमिका आदिवासी विश्व में न वाचिक परम्परा में है और न ही अब की लिखित परम्परा में। इसलिए जब हम आदिवासी साहित्य की परम्परा और उसके प्रयोजन पर बात करने जा रहे हैं, हमें यह देख-जानकर पक्का

कर लेना होगा कि आदिवासी विश्व के लिए साहित्य के क्या मायने हैं और शेष विश्व के लिए क्या?

शेष विश्व में साहित्य और कला पर मुख्यतः दो तरह की दृष्टियों से हमारी मुलाकात होती रही है। एक वर्ग मानता है कि साहित्य या कला का प्रयोजन सिर्फ कला है। दूसरा वर्ग इससे सहमत नहीं है। उसका कहना है कि साहित्य या कला का प्रयोजन जीवन है, सिर्फ कला नहीं। शेष विश्व का बहुसंख्यक बुद्धिजीवी इसी प्रयोजन को दृढ़ता के साथ स्वीकार करता है और इसी दृष्टि के साथ साहित्य और अन्य कला-रूपों के सृजन में संलग्न है। इन दोनों विचारों में से किसी एक का समर्थन अथवा चयन करने की बात है तो निःसन्देह हम आदिवासी लोग भी दूसरी अवधारणा के साथ ही रहना पसन्द करेंगे। यही दृष्टि हमारे आदिवासियत यानी कि आदिवासी जीवन-दर्शन के करीब है। लेकिन 'साहित्य जीवन के लिए है'—इस अवधारणा से अपनी नजदीकी के बावजूद यह ध्यान रखना होगा कि साहित्य आदिवासी जीवन का प्रमुख नियंता नहीं है। आदिवासी परम्परा में शासक की कोई अवधारणा नहीं है। इसलिए साहित्य भी हमारा शासक नहीं है। जबकि गैर-आदिवासी विश्व वैदिक युग से आज तक शास्त्र यानी कि साहित्य के द्वारा शासित होता आ रहा है। वहाँ शास्त्र सर्वोपरि है। शास्त्र की पूजा करता है गैर-आदिवासी समाज और रामायण, गीता, कुरान, बाइबल आदि ग्रंथ पूजनीय माने जाते हैं। यहाँ तक कि सुधारपंथी शाखा 'सिक्ख' भी 'गुरुग्रंथ साहिब' को मत्था टेकता है। सुप्रसिद्ध मानवशास्त्री श्यामा चरण दूबे बताते हैं, गैर-आदिवासी विश्व में 'परम्परा का आधारशास्त्र भी है, लोक भी; किन्तु कुछ दृष्टियाँ शास्त्र को महत्त्व देती हैं, कुछ लोक को। ग्रीक, चीनी, भारतीय और इस्लामी परम्पराओं का चित्रण कुछ आधार ग्रंथों के सहारे किया गया है। प्राच्यविद्, भारतविद्, संस्कृतज्ञ और दार्शनिक भारतीय परम्परा और उसके मूल स्वरों की तलाश शास्त्रों और अन्य धर्म ग्रंथों में करते आए हैं।'[1]

शास्त्र (साहित्य) और अ-शास्त्र (अ-साहित्य) का जो यह महत्त्वपूर्ण भेद है, यही वह मुख्य भेदक अथवा विभाजक रेखा है जिसके एक ओर आदिवासी विश्व है, तो दूसरी ओर शेष विश्व। इस पक्के विभाजन को समझे बिना हम तय नहीं कर सकते कि दोनों समाजों में साहित्य की क्या और कैसी वास्तविक भूमिका है। हम अच्छी तरह से यह जानते हैं कि प्राथमिक स्तर से उच्च स्तर तक के पठन-पाठन सामग्रियाँ तथा भारत की समूची अध्ययन प्रणाली और परम्परा शास्त्रों पर आधारित हैं। दरअसल, शास्त्र रचे ही जाते हैं व्यवस्था की राजनीतिक उद्देश्यों

की पूर्ति के लिए। विचारधाराओं के सुनियोजित व व्यवस्थित प्रचार-प्रसार के लिए। क्योंकि 'कोई भी विचारधारा प्रतीकों, बिम्बों, आस्थाओं, भावनाओं, विचारों और प्रवृत्तियों की समग्र प्रणाली होती है जिसके जरिये हम विश्व की और विश्व में अपनी स्थिति की व्याख्या करते हैं। यह प्राय: संस्कृति के या सांस्कृतिक व्यवहार के आवरण में लिपटी होती है। लेकिन यह किसी नस्ल अथवा राष्ट्र के सत्ताधारी वर्ग के सचेत कार्यक्रम के रूप में पुस्तकों के आवरण में भी लिपटकर आ सकती है। विचारधारा का एक भौतिक आधार होता है और इस भौतिक आधार को वह परिशुद्धता के अलग-अलग अनुपात में अभिव्यक्त करती है। यह इस बात पर निर्भर होता है कि उस समाज के भौतिक आधार और विचारधारा पर उस नस्ल अथवा राष्ट्र के किस वर्ग का नियंत्रण है।'[2] नौम चॉमस्की के शब्दों में कहें तो 'शासक वर्ग नियंत्रित शास्त्रों का एकमात्र लक्ष्य होता है। 'लोगों के दिमागों को अपनी सरकार के साथ' तथा और भी सामान्य रूप से सामाजिक, आर्थिक और राजनीतिक व्यवस्था के साथ 'सकारात्मक जुड़ाव के लिए प्रशिक्षित करना'।'[3]

यही वजह है कि शास्त्र और शास्त्रीयता ही शासकीय स्तर पर प्रतिष्ठित है और अर्द्ध-सामन्ती अवस्था से लेकर साम्राज्यवाद के नये सोपान तक उसे ही शासक वर्गों का संरक्षण प्राप्त है। इस शास्त्रीयता से बहिष्कृत जन-परम्पराएँ जब अपने अस्तित्व की बात करती हैं तो यह कहकर उनका गला घोंट दिया जाता है कि लोकशास्त्र में ही समाहित हैं। शास्त्रीय राजनीति की इस भूमिका पर सवाल उठाते हुए श्यामा चरण दूबे भी कहते हैं : 'भारतीय परम्परा को वेद, पुराण और शास्त्रों से जोड़ने की प्रवृत्ति रही है और हम आज भी उसके सम्मोहन से मुक्त नहीं हो सके हैं। इन महान ग्रंथों को हम मानव-सभ्यता की महान उपलब्धियाँ मानते हैं, जो वे नि:सन्देह हैं। उनके सम्बन्ध में प्रश्न दूसरा है। क्या वे अपने समय का भी सही चित्रण करते हैं? वे आदर्श समाज को प्रक्षेपित करते हैं या जीवित समाज का वर्णन करते हैं? क्या पूरा भारतीय समाज उनमें सिमट आया है या, उनमें चित्रित परम्परा के अतिरिक्त अन्य स्वतंत्र परम्पराएँ भी इस देश में थीं—जनजातीय, व्रात्य और क्षेत्रीय?—ये प्रश्न असुविधाजनक हैं क्योंकि वे शताब्दियों द्वारा पोषित मान्यताओं का खंडन करते हैं। इन ग्रंथों में अपने समय का सही अंकन भी नहीं है। उनमें आर्य-पूर्व संस्कृतियों की उपलब्धियों का आकलन तो क्या, उल्लेख भी नहीं है। इस देश में जो विराट परम्परा विकसित हुई, उसने इन संस्कृतियों से भी बहुत कुछ लिया था। जनजातीय और क्षेत्रीय परम्पराएँ इस देश में सदा सशक्त रही हैं; उनकी अलग पहचान थी और आज भी है।'[4]

इस तरह के समुदाय ने एक साझी भौगोलिक पृष्ठभूमि में एक ही तरह के कार्य को बार-बार करते हुए एकसमान जीवन-पद्धति का विकास किया जिसकी अभिव्यक्ति उनकी भाषाओं, नामकरण की प्रणाली, उनके नृत्यों, गीतों, धर्म, कला, साहित्य और समूची शिक्षा-प्रणाली में हुई। उनकी संस्कृति ने, जिसके बारे में हम चर्चा कर रहे हैं, एक ऐसे सामाजिक निकाय का रूप लिया जो उन मूल्यों का वाहक बनी जो उन्होंने अपने आर्थिक, राजनीतिक और सांस्कृतिक आचरणों के दौरान विकसित किए थे। कोई भी संस्कृति सही और गलत, अच्छा अथवा बुरा, सुन्दर और असुन्दर और इसके अलावा सम्मान, साहस, गौरव, वीरता जैसी ढेर सारी अवधारणाओं की वाहक और सम्प्रेषक होती है जिन्हें वस्तुतः इनसानी समझा जाता है। इन मूल्यों का समूचा ढाँचा प्रायः उस समुदाय की निजी चेतना के आधार का निर्माण करता है। इसी से पता चलता है कि वह एक विशिष्ट समुदाय है और इसके सदस्यों की चेतना दूसरे समुदाय के सदस्यों की चेतना से भिन्न है।[5]

स्पष्ट है कि आदिवासी विश्व शास्त्र-विरुद्ध समाज नहीं है तो वह शास्त्रसम्मत समाज भी नहीं है। हालाँकि गैर-आदिवासी विश्व के ग्रंथों में इस आशय की अनेक कहानियाँ हैं कि जनजातीय असुर समाज किसी शास्त्र को नहीं मानते थे और वे धार्मिक कर्मकांड एवं यज्ञ-विरोधी थे, जबकि आज हजारों वर्ष बाद भी गैर-आदिवासी विश्व मनुस्मृति जैसे अप्रासंगिक शास्त्र और उन धार्मिक ग्रंथों से नियंत्रित और संचालित हो रहे हैं जिनमें हिंसा, नस्लीय भेदभाव और स्त्री उत्पीड़न को महिमामंडित किया गया है।

यह समझ-बूझ लेने के बाद कि आदिवासी विश्व शास्त्र-शासित नहीं है तो फिर वह कौन-सी और कैसी परम्परा है जो उसे गतिशील और जीवंत बनाए हुए है? आदिवासी समाज की जीवंतता का प्राण-तत्त्व ज्ञान और विधान के किस परम्परागत रूप में संरक्षित और प्रवाहित है? पुरखा (लोक) गीतों में, कहानियों में, संगीत में, चित्रकला में, या भाषा अथवा अभिव्यक्ति के किसी अन्य प्रकट-अप्रकट रूप में? धार्मिक विश्वासों या रीति-रिवाजों में? सामूहिकता की संस्कृति में या फिर प्रकृति में? इस सवाल का सहज जवाब है—समूची समष्टि में। जीवन, समाज और प्रकृति के हर व्यवहार और प्रकार में। जीवन और प्रकृति के सभी अवयव मिलकर उसे निर्देशित और संचालित करते हैं। उसके दर्शन का मूलाधार कोई एक तत्त्व नहीं है—न साहित्य, न भाषा, न संगीत, न कला और न ही अकेली प्रकृति। आदिवासी विश्व धार्मिक विश्वासों और आस्थाओं से भी

उस तरह से नियंत्रित नहीं होता जैसाकि अन्य गैर-आदिवासी धार्मिक समाज हुआ करते हैं। सार रूप में कहा जाए तो आदिवासी विश्व-दृष्टिकोण उस परम्परा का प्रतिनिधि है जो संस्कृति, इतिहास और जातीय-बोध के साथ-साथ प्रकृति के गतिशील ऐतिहासिक नियमों-अनुभवों-परिवर्तनों से निर्मित होती है। जैसाकि ल्यूसिए गोल्डमान भी सजगता के साथ बताते हैं : 'कुछ ऐसे सामाजिक समूह हैं (और अनुभवजन्य शोध से यह सिद्ध हो गया है कि ऐतिहासिक प्रक्रिया में ये समूह प्राय: सामाजिक वर्ग ही रहे हैं) जिनकी आकांक्षाएँ तथा आवश्यकताएँ या तो सभी अन्तर्मानवीय सम्बन्धों की सम्पूर्ण संरचना के अनुरूप होती हैं या फिर मानव एवं प्रकृति के बीच पाए जानेवाले सम्बन्धों के अनुरूप।'[6]

इनसान और प्रकृति के बीच कम-से-कम टकराव वाले अन्तर्मानवीय सम्बन्धों की इस परम्परा में निहित दर्शन को जानी-मानी सामाजिक कार्यकर्ता हेलेना नॉबर्ग-होज़, जिन्होंने लद्दाखी आदिवासियों के साथ अपने जीवन का लम्बा समय साझा किया है, इस तरह से रेखांकित करती हैं : 'लद्दाखी (आदिवासी) इस मामले में भाग्यशाली हैं कि उन्होंने विरासत में एक ऐसा समाज पाया है जिसमें व्यक्ति की भलाई से पूरे समुदाय की भलाई का टकराव नहीं होता; एक व्यक्ति का लाभ, दूसरे व्यक्ति का नुकसान नहीं होता। परिवार एवं पड़ोसियों से लेकर अन्य गाँवों के सदस्यों बल्कि अजनबियों तक, लद्दाखी जानते हैं कि अन्यों की सहायता करना स्वयं उनके अपने हित में है।'[7] व्यक्ति की भलाई से पूरे समुदाय की भलाई का टकराव का नहीं होना जिस परम्परा का आन्तरिक चरित्र हो और जो दूसरों की सहायता को अपना हित मानता हो, ध्यान दीजिए, यह उस आदिवासी विश्व की विशेषता है जो अ-शास्त्रीय है। अलिखित है। वह किसी भी पवित्र-अपवित्र ग्रंथ का अनुगामी नहीं है।

आदिवासी विश्व के इस अ-शास्त्रीय संरचना को समझने के लिए हमें परम्परा, संस्कृति और जातीय विशिष्टता के पहलुओं पर गहराई से नजर डालनी होगी। अक्सर हम तीनों को लेकर उलझ जाते हैं, जबकि विशेषज्ञ अध्येता साफ तौर पर कहते हैं : 'परम्परा, संस्कृति, और जातीय भावना पर्यायवाची नहीं हैं, किन्तु राजनीतीकरण की प्रक्रिया ने उनके अन्तर को धुंधला कर दिया है। परम्परा संस्कृति का वह भाग है जिसमें भूतकाल से वर्तमान और वर्तमान से भविष्य तक एक निरन्तरता बनी रहती है। यह जरूरी नहीं है कि परम्परा जीवन के हर क्षेत्र में समान रूप से प्रभावी हो। धार्मिक विश्वासों और रूढ़ियों की परम्पराओं में परिवर्तन धीमी गति से होते हैं, सामाजिक संस्थाओं और व्यवहार

की परम्पराओं के कुछ पक्षों में, धर्म की तुलना में, बदलाव की गति अधिक तेज हो सकती है यद्यपि यह भी मंद गति का क्षेत्र है। साहित्य तथा रूपांकर और प्रदर्शनकारी कलाओं के क्षेत्रों में परम्पराओं के प्रयोगों और नवाचारों से प्रभावित होने की संभावना अधिक होती है। भाषा की परम्परा तेजी से बदलती है। संस्कृति की संज्ञा मानव के सीखे हुए व्यवहार-प्रकारों को दी जाती है। वैसे तो संस्कृति का पूरा स्वरूप ही ऐतिहासिक सन्दर्भों से निर्मित होता है, किन्तु उसके ऐसे मूल्यों और व्यवहार-प्रकारों को, जिनकी जड़ें इतिहास में बहुत गहरी हैं, परम्परा कहा जाता है। जातीय भावना, अपने मूल अर्थ में, विशिष्ट नृवंशीय शाखाओं से जुड़े संवेदनात्मक लगाव को कहा जाता था। आज की बदली हुई परिस्थिति में क्षेत्रीय, भाषिक, सांस्कृतिक और धार्मिक तत्त्व उसमें इस तरह मिल गए हैं कि जातीय भावना की व्याख्या उलझनभरी और अनिश्चित हो गई है। इन तीनों अवधारणाओं—परम्परा, संस्कृति, और जातीय भावना—के सम्बन्ध में यह स्मरण रखना आवश्यक है कि आंशिक रूप से ये तथ्यों पर आधारित किन्तु मुख्यतः मानसिक पुनर्रचनाएँ होती हैं। नये सन्दर्भ उन्हें नया मोड़ देते हैं। विशेष स्थितियों में उनके अर्थ और प्रकार्य भी बदल जाते हैं। व्याख्या का विभ्रम उस समय अपनी सीमा पर पहुँच जाता है, जब पुनर्रचना की प्रक्रिया ज्ञात सामाजिक तथ्यों और ऐतिहासिक यथार्थ से कटकर नये मिथकों और प्रतीकों को अपना लेती है।[8]

विचारणीय पहलू यह है कि इस समझ के बावजूद आदिवासी विश्व के व्यवहार और प्रकारों की पुनर्रचना करते हुए 'ज्ञात सामाजिक तथ्यों और ऐतिहासिक यथार्थ' की अनदेखी की जाती है तथा उन्हें 'नये मिथकों और प्रतीकों' से जोड़कर 'व्याख्या का विभ्रम' फैलाया जाता है। जैसाकि आदिवासी विश्व के अन्य परम्पराओं की ही तरह हम साहित्य की आदिवासी परम्परा में भी देखते हैं। आदिवासी साहित्य की परम्परा को गैर-आदिवासी विश्व की साहित्यिक परम्परा के तथ्यों और मानदंडों के आधार पर देखा जाना 'व्याख्या का विभ्रम' ही है। क्योंकि साहित्य आदिवासी विश्व में बिलकुल वही स्थान नहीं रखता जो गैर-आदिवासी समाज में है। अगर हम सिर्फ अभिव्यक्ति और कला-रूपों के ही सन्दर्भ में साहित्य की भूमिका पर विचार करें तो यह पाएँगे कि आदिवासी कला-परम्परा में साहित्य एक स्वायत्त ईकाई नहीं है। आदिवासी कला-परम्पराओं में लेखक, गीतकार, संगीतकार, नर्तक और गायक अलग-अलग स्वतंत्र इकाइयाँ न पहले थीं, न आज हैं। मुख्यतः आदिवासी कला-परम्परा विविध कला-रूपों का एक

समुच्चय है जिसमें सभी कला विधाओं के साथ-साथ प्रकृति की भी एक प्रमुख और सुनिश्चित भूमिका होती है। आदिवासी विश्व की कला-परम्परा में गाने के लिए नाचना जरूरी है, नाचने के लिए बजाना जरूरी है, बजाने के लिए गाना जरूरी है। और गाना, नाचना, बजाना परिवेश के बगैर सम्भव नहीं है। परिवेश यानी कि प्रकृति। इन सबके एक सुर और ताल में सज जाने पर ही गीतों की रचना होती है या फिर पुराने गीत में नये बोल स्वतः जुड़ने लगते हैं। इस प्रकार साहित्य यानी कि गीत की रचना इन सभी कला-रूपों के सम्मिलन का अन्तिम परिणाम होती है। यहाँ एक कला-रूप का दूसरे के साथ अन्योन्याश्रित सम्बन्ध है। सहअस्तित्व और सहभागिता के बिना किसी भी एक रूप का उद्घाटन सम्भव नहीं है। इसी कारण परम्परागत रूप से एकल गायकों, वादकों, नर्तकों और रचनाकारों की कोई विशिष्ट दुनिया आदिवासी समाज में स्थापित नहीं है।

सामान्य तौर पर यह विशिष्ट आदिवासी कला-परम्परा गैर-आदिवासी विश्व के शास्त्रीय परम्परा और प्रणाली में फिट नहीं बैठती। इसीलिए वे अपने विभाजित समाज और साहित्य-कला की तरह उसे भी 'लोक-साहित्य' एवं 'लोक-कला' की परिधि में रखते हैं। लोक की परिधि के भीतर ही आदिवासी साहित्य परम्परा और उसके प्रयोजन को व्याख्यायित करने का आग्रह कर रहे हैं। आदिवासी समाज और उसके साहित्य के अग्रणी विद्वान डॉ. दिनेश्वर प्रसाद शेष विश्व की मूल्यांकन पद्धति के आग्रहों को ठुकराते हुए कहते हैं : 'हर समाज की काव्यात्मक अभिव्यक्ति अपने ढंग की होती है। उसके अपने कलात्मक प्रतिमान होते हैं और इसीलिए किसी अन्य जाति या समाज के गीत या कविता के प्रतिमानों के आधार पर उसका मूल्यांकन नहीं किया जाना चाहिए।'[9] पर अपने पूर्वग्रहों से बाहर आकर गैर-आदिवासी विश्व यह समझने को बिलकुल तैयार नहीं है कि आदिवासी समाज में लोक और शास्त्र जैसा कोई पक्का तो क्या, कच्चा विभाजन भी नहीं है। तटस्थ समाजशास्त्रीय दृष्टि से अध्ययन की कोशिशों का सर्वथा अभाव बना हुआ है। मैनेजर पांडेय जैसे अध्येता इस कमजोरी को स्वीकार करते हैं। वे लिखते हैं : 'समाजशास्त्रीय आलोचना सुनिश्चित दृष्टि की जरूरत पर जोर देती है, लेकिन वह दृष्टि की कट्टरता का समर्थन नहीं करती। उसमें अपनी दृष्टि के प्रति सजगता के साथ-साथ दूसरी दृष्टियों को जानने-समझने की तत्परता भी होती है।'[10] जबकि आदिवासी विश्व की परम्परा व उसके प्रयोजनों पर, सामाजिक विज्ञान की अनेक शाखाओं में बहुतेरे विद्वानों और शोधार्थियों ने अध्ययन एवं शोध किया है। परन्तु जहाँ तक साहित्य के समाजशास्त्र की दृष्टि से इस पर अध्ययन का प्रश्न है,

उसकी शुरुआत तक नहीं हो सकी है। क्योंकि गैर-आदिवासी विश्व के सर्वस्वीकृत साहित्य यानी कि शिष्ट साहित्य की स्पष्ट अवधारणा है कि आदिवासियों के पास कोई लिखित साहित्य नहीं है। जब लिखित साहित्य नहीं है, फिर साहित्य का इतिहास भी नहीं है। शेष विश्व-साहित्य की मान्यता है कि अभी जो भी और जिस तरह का भी साहित्य आदिवासियों के पास है, वह मूलतः 'फोक' है। गँवई और पिछड़े हुए आदिम समुदायों का लोक-साहित्य। स्पष्ट है कि पिछड़ी हुई साहित्यिक परम्पराओं में जीवन के आधुनिक प्रयोजनों को ढूँढ़ना बेकार है यानी आधुनिक सन्दर्भ में जो पिछड़ा है, वह निरर्थक है। इस नई सदी में नितांत अनुपयोगी है।

आप पाओगे कि आपके विज्ञान का कोई मूल्य नहीं
और सारा अध्ययन एक बाँझपन का शिकार है।

[ब्रेख्त : कलेक्टेड पोएम्स, मेथुएन संस्करण, पृ. 450]

सवाल उठता है, क्या वाकई में ऐसा है? क्या सचमुच आदिवासी परम्पराएँ आज की आधुनिक दुनिया में अपनी कोई प्रयोजनमूलकता नहीं रखतीं? आदिम धार्मिक विश्वास, रीति-रिवाज और सांस्कृतिक बौद्धिक परम्पराएँ पिछड़ी हैं? सहअस्तित्व का जीवन-दर्शन व्यक्ति-केन्द्रित आधुनिक विश्व में अप्रासंगिक है? असमानता और भेदभाव से जूझती दुनिया को क्या एक-दूसरे को पछाड़कर ही बेहतर, समतामूलक और इनसानी बनाया जा सकेगा? इसे समझने के लिए आइए, हम आदिवासियों के उस साहित्य पर नजर डालें जिसे पिछड़ा हुआ 'लोक' माना जा रहा है। देखने-समझने की कोशिश करें कि इस पिछड़े हुए 'लोक' में वर्णित परम्पराएँ क्या सचमुच में ऐसी हैं कि आज के सन्दर्भ में उनका कोई प्रयोजन नहीं हो सकता? न्गूगी वा थ्योंगो इस सन्दर्भ में कहते हैं : 'मौखिक परम्परा बहुत समृद्ध और बहुआयामी है। यह कला कल समाप्त नहीं हो गई, यह एक जीवंत परम्परा है...। मौखिक साहित्य से अगर परिचय हो तो नई संरचनाओं और तकनीकों की जानकारी मिलती है। इससे ऐसी मानसिक प्रवृत्ति का भी निर्माण होता है जो नये-नये रूपों के साथ प्रयोग करने को प्रेरित करती है।'[11]

तोद केदम रोहोई केदम/गाची गाची हेर हेद में।

[तुमने रोपी है नई पौध/उखाड़ फेंको अब धान के बिरवों के बीच उग आए फिजूल घास-पात।]

यह संताल आदिवासी समुदाय द्वारा 'बाहा' पर्व के अवसर पर गाया

जानेवाला एक गीत है। महज दो पंक्तियाँ हैं लेकिन इन दो पंक्तियों में नये पौधों के संरक्षण और विकास के लिए नुकसान पहुँचानेवाले घास-पात को उखाड़ फेंकने की बात कही गई है। साधारण तौर पर इसका अर्थ खेती-किसानी से जुड़ा है, जबकि इसका दूसरा और व्यापक अर्थ समुदाय और उसके सामाजिक हित की रक्षा का है।

ताड़ के पत्ते पर रेशम के कीड़े नहीं पलते, वहाँ कीड़ा मर जाता है।

संताली गीत की ही तरह इस मुंडारी गीत का आशय भी वही है। भावी पीढ़ी का विकास नैसर्गिक ढंग से हो सके, इसके लिए परिवेश और पर्यावरण अनुकूल बना रहे। हालाँकि इस समझदारी, एकजुटता और दायित्व-निर्वाह के बावजूद उनका अस्तित्व बाहरी हमलों से नहीं बच पाता। प्राकृतिक संसाधनों की लूट होती है। वृक्ष काटे जाते हैं। जंगलों की नीलामी होती है। आदिवासी समुदाय इस नीलामी से पीड़ित हैं, मानो उसके सम्बन्धियों को मारा और गुलाम बनाया जा रहा है! प्रस्तुत बिरहोरी गीत में सहजता से इस मार्मिकता का वर्णन हुआ है :

नदी के इस पार बज रही है बाँसरी
नदी के उस पार जब गिरता है गाछ
तब बहुत दुखी होता है मन
हम जानते हैं यह गाछ
नीलाम हो गया है।

दोहन और लूट सिर्फ प्रकृति तक सीमित नहीं है। गैर-आदिवासी विश्व की खराब नजरें आदिवासी समुदाय के पुरुष और स्त्रियों पर भी है। प्रकृति की तरह ही आदिवासी समुदाय उनके लिए वस्तु अथवा संसाधन ही हैं—गुलामी के लिए, मजदूरी के लिए, दैहिक भूख मिटाने के लिए। 19वीं सदी के अन्तिम दौर में जब चायबागानों के लिए अंग्रेज शासकों को मजदूरों की जरूरत हुई तो उन्होंने लोभ-लालच, छल-बल और अपहरण—सभी तरह के हथकंडे अपनाए। सामन्तों और लठैतों को खुली छूट दी गई। निम्नांकित उराँव आदिवासी गीत में उसी भयावह दौर को याद किया गया है :

सब थाना जाना, मगर सिसई थाना मत जाना,
हाय! वहाँ लड़कियों को भगा ले जाते हैं।

जबकि नीचे उल्लेखित 'हो' गीत में उस दिकू संस्कृति के प्रसार का चित्रण है जिससे आदिवासी विश्व आक्रांत था और बचने के लिए दूरी बनाये रखने की कोशिश कर रहा था। परन्तु बाहरी संस्कृति का हमला इतने रूपों में था कि उससे बच पाना मुश्किल था। फिर भी सचेतनता आदिवासी समुदाय के एक बड़े हिस्से को बचाये रख पाने में सफल रही। गीत में युवती एक नौजवान से कहती है, तुम कलकत्ता गए थे और वहाँ से सुगंधित साबुन लेकर आए हो। तुम सुगंधित साबुन से बाल धोते हो। तुम राँची शहर से लाए कंघी से अपने बाल सँवारते हो। तुम जिस साबुन और कंघी का उपयोग कर रहे हो, उससे तुम दिकु की तरह लग रहे हो। इसलिए तुम मुझसे दूर ही रहो :

कालकत्ता कोयते, सोआन साबोन,
राँची कोयते दिरींग नाकी,
दिकु दिसुम सोहानाह, जोका नूठान मेह॥ कों॥
मांया रेदो बांगाली धोती, काटा रेदो सायोब जूता
येना मेनतेह जूड़ीं जोका नूसान मेह॥ कों॥

इस अस्वीकार के बावजूद लोभ-लालच, दमन का हमला बहुत तेज है। इस हमले की चपेट में लोग आ ही जा रहे हैं। संसाधनों की लूट ने उन्हें विवश कर दिया है कि वे जिन्दा रहने के लिए पलायन को स्वीकार करें। अकाल और दमन ने हिम्मत तोड़ दी है। विस्थापन और पलायन से आदिवासी समाज छिन्न-भिन्न हो गया है। प्रस्तुत खड़िया गीत में एक स्त्री दूसरी स्त्री को ढाँढ़स बँधाते हुए कह रही है :

अमाः केन्डोर चोलकी टापू राइज
हरे कोन्सेल हाल जो उम डाङते
चिठी लिखय कुलम/पतर लिखय कुलम
हारे दैया हाल उम डेलता।

[तुम्हारा मर्द गया अंडमान
हाय रे औरत खबर भी नहीं भेजता
चिट्ठी लिखो भाई/सन्देशा भेजो बहिन
हाय रे दैया कोई खबर नहीं आता।]

पलायन की ऐसी ही विभीषिका को दर्शानेवाला एक गीत का वर्णन देश के पहले आदिवासी उपन्यासकार मेन्नस ओड़ेअ ने अपने बृहत् मुंडारी उपन्यास के एक खंड में किया है :

रोग आया है
देश में लोग मर रहे हैं।
सरदार आ रहे जा रहे हैं;
मेरे प्राण चलो बोल रहे हैं।

जाओगे तो जाओगे
भाई, वहाँ अपना कोई नहीं है;
दर्द, बीमारी, दुःख, फिक्र
गिद्ध, चील, सियार खाएँगे। [12]

ऊपर दिये गए गीतों को विषयवस्तु के आधार पर देखने से मालूम होता है कि अधिकांश गीत औपनिवेशिक अतिक्रमण के दिनों के हैं जिसमें समुदाय की रक्षा, भावी पीढ़ी के विकास की चिन्ता, प्राकृतिक संसाधनों की लूट, बाहरी आक्रमण और पलायन की बात है; जबकि औपनिवेशिक दौर से पहले के गीतों में ये विषय बिलकुल नहीं हैं। आदिवासी गीतों के संकलक डब्ल्यू. जी. आर्चर ने मुंडा समुदाय के 1641, खड़िया के 1528, हो के 935, उराँव के 2660 और संतालों के 3000 गीतों का संग्रह किया है। करीब दस हजार गीतों के विशाल साहित्य में महज दस फीसदी रचनाओं में ही दुःख और क्षोभ जैसे वर्णन मिलते हैं। नब्बे फीसदी गीतों का विषय प्रेम और प्रकृति है। यही नहीं, 'संताली (समस्त आदिवासी) लोकगीतों में वीरगाथाओं का अभाव है'। संताली भाषा एवं साहित्य के मूर्धन्य विद्वान डोमन साहु 'समीर' इसी के साथ यह भी कहते हैं कि 'पशु-पक्षी सम्बन्धी कथाओं को छोड़ दिया जाए तो सामान्य कथाओं में से अधिकांश प्रेमी-प्रेमिकाओं से सम्बन्ध रखती हैं'[13]।

प्रेम और प्रकृति—यही वे दो स्थायी भाव हैं आदिवासी जीवन के, जिन पर दो हजार सालों तक निरन्तर रचनाएँ होती रहीं। असहमति और रचाव-बचाव की जो रचनाएँ हैं, वह मात्र हाल के दो-ढाई सौ सालों के दौरान रची गई हैं। प्रेम और प्रकृति के गीत व कहानियाँ भी अनुभवजन्य हैं—रीतिकाल और छायावाद की तरह कपोल-कल्पित नहीं। अभी तक उपलब्ध दस हजार गीतों में कल्पना की अवास्तविक

उड़ान का एक भी गीत नहीं है। यह भी स्मरण रखना होगा कि प्रेम-गीतों में कहीं भी उच्छृंखलता का हल्का पुट नहीं है। यौन-प्रेम की आकांक्षा, सहमति और उन्मुक्तता के वर्णन में 'अराजक यौन-प्रेम' अथवा 'पशुवत यौन-प्रेम' का आभास तक नहीं है। शायद इसी आदिम या प्राचीन यौन-प्रेम की परस्पर रागात्मक प्रवृत्ति पर टिप्पणी करते हुए मार्क्स ने 'मध्य युग के पहले व्यक्तिगत यौन-प्रेम जैसी कोई चीज थी ही नहीं' कहते हुए यह स्वीकार किया है : 'जाहिर है कि तब भी व्यक्तिगत सौन्दर्य, अन्तरंग साहचर्य, समान रुचि, आदि से नारी और पुरुष में परस्पर संभोग की इच्छा उत्पन्न होती थी, और उस वक्त भी नर-नारी इस प्रश्न की ओर से बिलकुल उदासीन नहीं थे कि वे किस व्यक्ति के साथ वह अन्तरंग सम्बन्ध स्थापित करते हैं।' इसके आगे वे यह भी कहते हैं : 'परन्तु उसमें और हमारे काल के यौन-प्रेम में बहुत अन्तर है।'[14] आदिवासी प्रेमगीत नि:सन्देह यौन-प्रेम के इस अन्तर को पूरे काव्यात्मक सामर्थ्य के साथ चित्रित करते हैं।

सृष्टि विषयक मिथकों में भी आदिवासी यौन-व्यवहार का जो चित्रण हुआ है, वह केवल सन्तानोत्पत्ति या वंशवृद्धि की कहानियाँ नहीं कहते। उनमें स्त्री-पुरुष के प्रथम सम्बन्धों की स्थापना के साथ-साथ प्रकृति और समुदाय के विकास की ऐतिहासिक प्रक्रियाओं के अस्पष्ट-स्पष्ट चित्र भी दिखाई पड़ते हैं। डॉ. पद्मजा सेन झारखंड के आदिवासी मिथकों का अध्ययन करते हुए कहती हैं : 'अन्यान्य मानव समूहों के सृष्टि-मिथकों की तरह ये भी विश्व की उत्पत्ति की व्याख्या के प्रारम्भिक प्रयास हैं। साथ ही मेरे विचार से प्रारम्भिक आदिवासी विश्व-तत्त्व एवं एक सुस्पष्ट प्रकृति-दर्शन के बीज भी इन मिथकों में निहित हैं। फलत: ये मिथक आदिवासी जीवन-दर्शन के अध्ययन के लिए एक व्यापक आधार भी प्रस्तुत करते हैं। दुर्भाग्य से आदिवासी सृष्टि-मिथकों की समृद्ध परम्परा होते हुए भी अब तक न तो नृतत्त्वशास्त्रियों, न ही दार्शनिकों का समुचित ध्यान इस ओर गया है।...निश्चित तौर पर ये सृष्टि मिथक एक नहीं, कई सन्देश वहन करते हैं।...प्रथमत: दार्शनिक दृष्टि से ये मिथक महत्त्वपूर्ण हैं क्योंकि ये जगत की जटिलताओं की व्याख्या के आदिवासी समाज के प्राथमिक प्रयास हैं। द्वितीयत: इनसे इस समाज की संरचना, रीति-रिवाजों एवं एक बृहत सामाजिक परिप्रेक्ष्य का परिचय मिलता है। सर्वाधिक महत्त्वपूर्ण तथ्य यह है कि ये मिथक आदिवासी संस्कृति की मौलिकता और पहचान के परिचायक हैं।'[15]

परम्परा के प्रयोजन की दृष्टि से एक महत्त्वपूर्ण पक्ष भाषा है। चित्र, नृत्य, गीत, संगीत, संकेत, इशारे, कथा, मिथक और ध्वनियाँ—सभी प्रकारांतर से भाषा

के विभिन्न रूप हैं। पर इन सभी का परिष्कृत और सबसे सम्प्रेषणीय रूप है वह भाषा, जिसे हम बोलते हैं। भाषा का आविष्कार और उसका परिमार्जन एक सतत सामूहिक व सामाजिक प्रक्रिया है। भाषाएँ परम्पराओं का सबसे प्रामाणिक दस्तावेजीकरण हैं : सहज और बेहद सरल। गैर-आदिवासी विश्व और उसकी शासन-व्यवस्था पहला सुनियोजित प्रहार भाषाओं पर ही करती है, ताकि समुदाय विशेष की परम्पराओं को कुंद और लुप्त किया जा सके। चूँकि ऐतिहासिक चेतना और ज्ञान की परम्परा भाषा के जरिये ही सक्रिय रहती है इसलिए उसके खात्मे के लिए समूची शिक्षा-प्रणाली मालिक की भाषा में विकसित करके थोपी जाती है। फिर आजीविका, पद-प्रतिष्ठा नहीं देनेवाली निष्क्रिय एवं अकर्मण्य भाषा के रूप में उसे लगातार टारगेट किया जाता है। अनुपयोगी और अप्रासंगिक बताते हुए उसे मृत भी घोषित कर दिया जाता है, जबकि 'भाषाएँ न तो कभी बूढ़ी होती हैं और न मरती हैं। वे अपनी संरचना में किसी तात्त्विक दोष के कारण 'आधुनिक युग' के लिए अप्रासंगिक भी नहीं होतीं। वे तभी गुम होती हैं जब समाज के प्रभुत्वकारी वर्ग के पास उनकी कोई उपयोगिता नहीं रह जाती।'[16] जाहिर है, चेतना को परम्परा के विश्व-दृष्टिकोण से लैस बनानेवाली भाषा शासक वर्ग के लिए सिर्फ अनुपयोगी ही नहीं, खतरनाक भी होती है।

आदिवासी भाषाओं का इस समझदारी से समाजशास्त्रीय अध्ययन नहीं किया गया है, जिससे भाषाओं में निहित आदिवासी विश्व-दृष्टिकोण से अभी तक लोग अपरिचित हैं और शासक वर्ग द्वारा थोपी गई भाषा के प्रभाव में अपनी मातृभाषाओं की सुन्दरता, समता और सामर्थ्य से दिनोंदिन दूर होते जा रहे हैं। भाषा को सिर्फ बोली और सम्प्रेषण समझने की शासकीय अवधारणाओं में फँसकर उसकी दार्शनिक भूमिका का अस्वीकार एक आम परिघटना बन चुकी है, जबकि भाषाविद् बताते हैं कि आदिवासी भाषाओं में न कोई स्तरीकरण है और न ही किसी प्रकार का सामाजिक विभेद। उदाहरणस्वरूप, 'ऋण', 'उधार', 'सूद', 'महाजन' आदि के लिए संताली में क्रमशः 'रिन', 'धार', 'सूद', 'महाजन' आदि शब्द हैं। स्पष्ट है कि ये शब्द ऋण के हैं। सम्भव है, संतालों में मूलतः ऋणपान की कोई प्रथा नहीं थी। इसी प्रकार 'भिक्षा' और 'दान', 'धनी' और 'निर्धन', 'मालिक' और 'नौकर' के लिए भी संताली का अपना कोई शब्द नहीं है, जिससे पता चलता है कि इनके (आदिवासी) समाज में समानता का बहुत अधिक भाव रहा है।'[17]

निःसन्देह कहा जा सकता है कि आदिवासी साहित्य की परम्परा किसी भी दृष्टि से शेष विश्व की साहित्यिक परम्पराओं से बिलकुल जुदा है। मूल और पक्का

विभाजन तो यही है कि एक का साहित्य स्वतंत्र और नियामक इकाई है तो दूसरे का स्वतंत्र अस्तित्व है ही नहीं। दोनों में किसी स्तर पर और किसी कालखंड में कोई साम्यता भी नहीं है। जब साम्यता नहीं है फिर दोनों के उद्देश्य और प्रयोजन एक नहीं हो सकते। गैर-आदिवासी विश्व के शासक वर्ग का साहित्य शासित करने के लिए है तो उसके प्रतिरोध में खड़ा साहित्य भी एक सत्ता की स्थापना के लिए है, जबकि आदिवासी विश्व का साहित्य सामूहिक अभिव्यक्ति और कला-रूपों की एक अविभाज्य और संयुक्त इकाई के बतौर सत्ता की किसी भी संरचना और अवधारणाओं की पैरवी नहीं करता। वह किसी व्यक्ति एवं सत्ता की बजाय समूची समष्टि के प्रति अपनी जवाबदेही अभिव्यक्त करता है।

सन्दर्भ

1. श्यामा चरण दूबे : परम्परा, इतिहास-बोध और संस्कृति, राधाकृष्ण प्रकाशन, दिल्ली, 2008, पृ. 16-17
2. न्गूगी वा थ्योंगो : औपनिवेशिक मानसिकता से मुक्ति, अनु. आनन्दस्वरूप वर्मा, ग्रंथ शिल्पी, दिल्ली, 1999, पृ. 116
3. नौम चॉमस्की : जनमाध्यमों का मायालोक, अनु. : चन्द्रभूषण, ग्रंथ शिल्पी, दिल्ली, 1999, पृ. 25
4. श्यामा चरण दूबे : परम्परा, इतिहास-बोध और संस्कृति, राधाकृष्ण प्रकाशन, दिल्ली, 2008, पृ. 27
5. न्गूगी वा थ्योंगो : औपनिवेशिक मानसिकता से मुक्ति, अनु. आनन्दस्वरूप वर्मा, ग्रंथ शिल्पी, दिल्ली, 1999, पृ. 117-118
6. ल्यूसिएँ गोल्डमान : आइडियोलॉजी एंड राइटिंग, 1967, पृ. 904
7. हेलेना नॉबर्ग-होज़ : प्राचीनता का भविष्य, अनुवादक ज्वाला प्रसाद मिश्रा, पृ. 51
8. श्यामा चरण दूबे : परम्परा, इतिहास-बोध और संस्कृति, राधाकृष्ण प्रकाशन, दिल्ली, 2008, पृ. 15-16
9. दिनेश्वर प्रसाद : मुंडा दुरङ, झारखंड एन्साइक्लोपीडिया, खंड-4, वाणी प्रकाशन, दिल्ली, 2008, पृ. 361
10. मैनेजर पांडेय : साहित्य के समाजशास्त्र की भूमिका, हरियाणा साहित्य अकादमी, चंडीगढ़, 1989, पृ. 13
11. न्गूगी वा थ्योंगो : औपनिवेशिक मानसिकता से मुक्ति, अनु. आनन्दस्वरूप वर्मा, ग्रंथ शिल्पी, दिल्ली, 1999, पृ. 152

12. मेन्नस ओड़ेअ : चलो चायबागान, अनु. पेत्रुस ओड़ेअ, कैथोलिक प्रेस, राँची, 1997
13. डोमन साहु 'समीर' : संताली भाषा और साहित्य, पंचदश लोकभाषा-निबन्धावली, बिहार राष्ट्रभाषा परिषद, पटना, 1960, पृ. 109
14. मार्क्स एंगेल्स : साहित्य तथा कला, प्रगति प्रकाशन, मास्को, 1981, पृ. 246-247
15. डॉ. पद्मजा सेन : झारखंड के आदिवासियों के सृष्टि-मिथक एवं विश्वतत्त्व, झारखंड एन्साइक्लोपीडिया, खंड-4, वाणी प्रकाशन, दिल्ली, 2008, पृ. 555 एवं 564
16. न्गूगी वा थ्योंगो : औपनिवेशिक मानसिकता से मुक्ति, अनु. आनन्दस्वरूप वर्मा, ग्रंथ शिल्पी, दिल्ली, 1999, पृ. 7
17. डोमन साहु 'समीर' : संताली भाषा और साहित्य, पंचदश लोकभाषा-निबन्धावली, बिहार राष्ट्रभाषा परिषद, पटना, 1960, पृ. 105-106

आदिवासी विश्व-दृष्टिकोण और ज्ञान-परम्परा

किसी भी समाज का दर्शन, बौद्धिक और ज्ञान-परम्परा, उसकी भाषा और अभिव्यक्ति के विभिन्न कला-रूपों में प्रवाहित रहता है। भाषा भी एक कलात्मक अभिव्यक्ति ही है लेकिन अन्य कला-रूपों की अपेक्षा इसका व्यवहार व्यापक समाज करता है इसलिए यह सचेतनता और ज्ञान की प्रमुख वाहक है। भारतीय संविधान आदिवासियों को दो वर्गों—अनुसूचित जनजाति और आदिम जनजाति—में अनुसूचित करता है, जो मुख्य रूप से 705 अनुसूचित जनजाति और 75 आदिम अनुसूचित जनजाति की श्रेणी में चिन्हित किए गए हैं और जिनकी बसाहट मुख्यतः मध्य भारत और उत्तर-पूर्व भारत के राज्यों में है। 2011 की जनगणना के अनुसार देश में आदिवासी समुदायों की जनसंख्या 10,42,81,034 करोड़ है जो भारत की कुल जनसंख्या का 8.6 प्रतिशत है। इनमें 89.97 प्रतिशत ग्रामीण और 10.03 शहरी क्षेत्र में रहते हैं। भारत के आदिवासी समुदाय पाँच भाषा परिवारों—आस्ट्रो-एशियाटिक भाषा परिवार, चीनी-तिब्बती भाषा परिवार, द्रविड़ भाषा परिवार, अंडमानी भाषा परिवार और भारोपीय आर्य भाषा परिवार—के अन्तर्गत लगभग 400 भाषाएँ बोलते हैं और उनका साहित्य इन सभी भाषाओं में वाचिक और लिखित रूप में उपलब्ध है।

कोई भी भाषा निर्विवाद रूप से एक खास समाज की अभिव्यक्ति, सौन्दर्यबोध, बौद्धिक एवं ज्ञान-परम्परा, इतिहास, कला और उसके समस्त इनसानी अनुभवों का समुच्चय होती है। इस अर्थ में आदिवासी भाषाएँ अत्यन्त महत्त्वपूर्ण हो जाती हैं क्योंकि इनमें ही इनसानी समुदाय का प्राथमिक ज्ञान संचित है और जो एकल संस्कृति आधारित शिक्षा एवं साहित्य के आधुनिक दबावों के कारण लगातार संकुचित होती जा रही है और विलोपन के खतरे का सामना कर रही है। यह एकल संस्कृति बहुसंख्यक नस्ल, धर्म-दर्शन और भाषा के वर्चस्ववादी नजरिये का पोषण करती

है और बहुलतावादी आदिवासी नस्ल, धर्म-दर्शन और भाषा का निषेध करती है। श्रेष्ठताबोध और वर्चस्ववादी सत्ता के आग्रह से परे आदिवासी ज्ञान-दर्शन परम्परा 'पृथ्वी को सृष्टि (प्रकृति) का प्राथमिक मूल यथार्थ मानती है। इसी के बाद सूरज, चाँद-तारे और अन्य ग्रह-नक्षत्रों की भूमिका बनती है। पानी, मिट्टी, हवा और ताप (अग्नि) प्राथमिक तत्त्व हैं। प्रकृति के नियंत्रण में ऋतुओं की महत्त्वपूर्ण भूमिका है और ऋतुचक्र ही इनसान के आर्थिक क्रिया-कलापों एवं आखेट को भी नियंत्रित करते हैं' (रामदयाल मुंडा : आदि धरम, 2009)। नियंत्रण का अर्थ यहाँ स्वामित्व, शासक और शासित से नहीं बल्कि सृजन और संरक्षण (रचाव-बचाव) से है। आदिवासी दर्शन में हत्या, युद्ध और विध्वंस का कोई स्थान नहीं है, जैसाकि दूसरी संस्कृतियाँ—सृजन के लिए विध्वंस अनिवार्य है—मानती हैं।

रचाव और बचाव के दर्शन पर ही आदिवासियों का विश्वास निर्मित होता है जो जीवन और मृत्यु को सृष्टि का सच स्वीकारता है परन्तु पुनर्जन्म को नहीं मानता। वह प्रकृति की सर्वोच्चता को स्वीकार करता है और अदृश्य प्राकृतिक शक्तियों को इनसान की ही तरह सृष्टि के रचाव और बचाव का संरक्षक मानते हुए उनमें विश्वास करता है। अपने आनुष्ठानिक आयोजनों के द्वारा उनके प्रति आभार प्रकट करता है। पूजा नहीं, कृतज्ञता ज्ञापित करता है क्योंकि उसका विश्वास जड़ नहीं, निरन्तर चेतनशील है। चेतनशील मतलब प्रकृति और इनसानी समाज के परम्परागत और परिवर्तनशील व्यवहार में सामंजस्य बिठाते हुए उसे आत्मसात करना और सार्वभौमिक अनुशासनों (संगति) के प्रति लगातार उत्तरदायी (तारतम्य) बने रहना है। प्रकृति से सामूहिक, सहजीवी और सहअस्तित्वपूर्ण संगति के कारण आदिवासी प्रकृतिगत यथार्थ और उसके अनुशासनों का कड़ाई से पालन करते हैं, जिसे गैर-आदिवासी विश्व अंधविश्वासों की श्रेणी में रखता है जबकि पूजा धार्मिक अंधविश्वास का चरम लक्षण है, जिससे दुनिया की सभी विकसित सभ्यताएँ पीड़ित तो हैं ही, एक-दूसरे के खून की प्यासी भी हैं।

आदिवासी जन प्रकृति और इनसानी समाज को केन्द्रीय सत्ता नहीं मानकर जंगल, जमीन, पहाड़, नदियाँ, वनस्पतियाँ, जीव-जंतु, इनसान और समस्त देखे-अदेखे सजीव-निर्जीव तत्त्वों के विकेन्द्रित स्वायत्तता को स्वीकार करते हैं। आदिवासियों का दृढ़ यकीन है कि केन्द्रीकृत संरचना (सत्ता), चाहे वह कैसी हो, जिसमें पक्ष-विपक्ष हों, वह अस्वस्थकर है। शक्ति-संरचना इनसान और उसकी सामाजिक व्यवस्था को बीमार बनाती है। इसलिए आदिवासियों के परम्परागत सामाजिक व्यवस्था में श्रम का विभाजन नहीं है और प्रशासनिक इकाइयाँ विकेन्द्रित हैं। सामाजिक प्रमुख,

चाहे वह गाँव का मुंडा (गाँव प्रमुख) हो, 'मानकी' अथवा 'परगनैत' (समुदाय प्रमुख) हो या आध्यात्मिक प्रमुख 'पाहन'—सभी आम आदिवासी जन की तरह विशेषाधिकार विहीन होते हैं। लेकिन प्रकृति के समस्त उपादानों पर सामुदायिक हक होता है और आर्थिक गतिविधियाँ सिर्फ जीवन-यापन के लिए होती हैं।

इसी तरह सूरज (सिङबोंगा) को सृष्टि का सर्वोच्च केन्द्रीय तत्त्व मानते हुए भी आदिवासी समुदाय 'इकिरबोंगा' (जल आत्मा) या 'बुरुबोंगा' (पहाड़ आत्मा) को निम्न नहीं मानता, न ही नस्ल, लिंग, रंग आदि के मूल चरित्र के आधार पर किसी तत्त्व का कोई वर्गीय विभाजन अथवा श्रेणी निर्मित करता है। उसके लिए हर तत्त्व सत्य है और उसकी स्पष्ट धारणा है कि सत्य का न तो कोई रंग होता है, न ही मीठा-कड़वा जैसा स्वाद। सभी रंगों और विविध स्वादों का समुच्चय होते हुए भी सत्य रंगहीन और गंधहीन अर्थात पक्ष-विपक्षहीन होता है। जिन्हें वह सर्वोच्च आत्माएँ मानता है, वे भी किसी का पक्ष नहीं लेतीं, जैसे—सूरज, चाँद, तारे-ग्रह, धरती। क्योंकि अगर वे सर्वोच्च नियंता हैं तो कैसे किसी एक खास नस्ल-समुदाय का पक्ष ले सकते हैं? उनके लिए तो सभी सजीव-निर्जीव बराबर हैं। जबकि दूसरी सभी सभ्यताओं के ईश्वरों ने एक नस्ल विशेष के पक्ष में हमेशा अवतार लिया है। उनके बौद्धिकों, जैसे दधीचि ऋषि ने तो एक नस्ल के संहार के लिए हथियार निर्माण हेतु अपनी अस्थियाँ तक दान दे दीं।

आदिवासी ज्ञान-परम्परा अथवा उसके दर्शन के पाँच बुनियादी तत्त्व हैं : सामूहिकता, सहअस्तित्व, सहजीविता, समानता और सामुदायिकता। वे समूह में रहना पसन्द करते हैं। प्रकृति के सभी सजीव-निर्जीव अवयवों की उपस्थिति एक-दूसरे के लिए जरूरी मानते हैं। हर किसी को जीने का प्राथमिक हक है और वह तभी जीवित रह सकेगा जब दूसरे भी जीवित रहें, यानी किसी एक व्यक्ति की भलाई से पूरे समुदाय की भलाई का टकराव नहीं होता; एक व्यक्ति का लाभ, दूसरे व्यक्ति का नुकसान नहीं है, इसमें उनका दृढ़ विश्वास है। सृष्टि में सभी समान हैं—चाहे वह सजीव कीड़ा हो या इनसान या कि निर्जीव रेत या पत्थर। और समूची सृष्टि एक अटूट समुदाय है।

आदिवासी ज्ञान-परम्परा के निम्नलिखित स्रोत हैं :

1. प्रकृति,
2. परम्परागत शिक्षण,
3. अनुभवजन्य पर्यवेक्षण,
4. अन्वेषण और
5. संगति।

आदिवासियों का ज्ञान प्रकृति-प्रदत्त है। वे प्रकृति को ज्ञान का मुख्य स्रोत

मानते हैं और उसके निरन्तर परिवर्तनशील व्यवहार के दौरान उसके साथ अपने व सृष्टि के अन्य सभी अवयवों की संगति के अन्तर्सम्बन्धों से जनित नवाचारों से अद्यतित करते रहते हैं।

पुरखों और बड़े-बूढ़ों के द्वारा संचित प्रकृति के रहस्य, विश्वास, आध्यात्मिकता, ऐतिहासिक घटनाएँ, कृषि-आखेट की विधियाँ, कला-कौशल, संगीत-नृत्य, तकनीक, उपचार प्रणालियाँ, और रोजाना के जीवन को जीने के लिए अनिवार्य सीख व अनुशासन परम्परागत शिक्षण के जरिये प्राप्त करते हैं। परम्परागत प्रशिक्षण के तीन प्रमुख रूप हैं : भाषा, सामुदायिक शिक्षण और पारम्परिक अनुष्ठान व पर्व-त्योहार। समस्त भौतिक-अभौतिक विचारों, सूचनाओं, जानकारियों और सामाजिक-आर्थिक व्यवहारों के अभिव्यक्ति का संघटित समुच्चय होने के कारण भाषा ज्ञान का प्राथमिक और सबसे प्रामाणिक स्रोत होती है। भाषाविद् बताते हैं कि आदिवासी भाषाओं में न कोई स्तरीकरण है और न ही किसी प्रकार का सामाजिक विभेद। लोक-परलोक-त्रिलोक, स्वर्ग-नरक, चोरी, लूट, हत्या, बलात्कार जैसे शब्द आदिवासी भाषाओं में नहीं हैं क्योंकि इनसे सम्बन्धित अवधारणा और सामाजिक व्यवहार उनके दार्शनिक आचार-विचार में नहीं हैं। उदाहरणस्वरूप, 'ऋण', 'उधार', 'सूद', 'महाजन' आदि के लिए संताली में क्रमशः 'रिन', 'धार', 'सूद', 'महाजन' आदि शब्द हैं। स्पष्ट है कि ये शब्द ऋण के हैं। सम्भव है, संतालों में मूलतः ऋणपान की कोई प्रथा नहीं थी। इसी प्रकार 'भिक्षा' और 'दान', 'धनी' और 'निर्धन', 'मालिक' और 'नौकर' के लिए भी संताली का अपना कोई शब्द नहीं है, जिससे पता चलता है कि आदिवासी समाज में समानता का बहुत अधिक भाव रहा है' (डोमन साहु 'समीर', 1960)। प्रत्येक आदिवासी समाज में पारम्परिक शिक्षण की व्यवस्थाएँ रही हैं, जैसे—मुंडाओं में 'गितिओड़ा', उराँवों में 'धुमकुड़िया', खड़िया में 'गिताचाड़ी', छत्तीसगढ़ का 'घोटुल' आदि। तीसरा स्रोत है पारम्परिक अनुष्ठान और पर्व-त्योहार।

अनुभवजन्य पर्यवेक्षण के जरिये आदिवासी दो तरह से ज्ञान अर्जित करता है। पहला, व्यक्तिगत तौर पर और दूसरा, सामूहिक व सामुदायिक तौर पर। इन्हीं दो तरीकों से वह अन्वेषण भी करता है। आदिवासी दृष्टि से अन्वेषण लेकिन कोई नई खोज नहीं वरन् नहीं जाने हुए को जानना है। आम तौर पर विकसित सभ्यताएँ अन्वेषण या खोज को इस तरह से प्रस्तुत करती हैं मानो किसी फलाँ व्यक्ति ने कोई नई खोज की है जो अब तक सृष्टि में थी ही नहीं। खोजी हुई चीज पर व्यक्तिगत प्राधिकार होता है लेकिन जानना या जानकारी होना ज्ञान की सामूहिक परम्परा का अंग है।

संगति आदिवासी ज्ञान के स्रोतों में अत्यन्त महत्त्वपूर्ण है। सृष्टि के समस्त

अवयवों के मूल चरित्र, उसके स्थायी सहचरी भाव और उसमें निरन्तर होनेवाले परिवर्तनों से सामंजस्य या तारतम्यता बिठाने के क्रम में आदिवासी समुदाय लगातार सीखता है। सुनामी के दौरान अंडमानी आदिवासी पहाड़ों पर चले गए क्योंकि समुद्र के व्यवहार में हो रहे परिवर्तनों से उनकी संगति थी, लेकिन जिन्हें इसका ज्ञान नहीं था, वे उसके शिकार बने।

सारतः हम कह सकते हैं कि आदिवासी विश्व-दृष्टिकोण उस ज्ञान-परम्परा का प्रतिनिधि है जो संस्कृति, इतिहास और जातीय-बोध के साथ-साथ प्रकृति के गतिशील ऐतिहासिक नियमों-अनुभवों-परिवर्तनों से निर्मित होता है, जिसके मुख्य आधार प्रकृति और सामूहिकता, सहअस्तित्व, सहजीविता, समानता व सामुदायिकता हैं।

भारत की आलोचनात्मक परम्परा और आदिवासी वाचिकता

भारतीय दर्शन और साहित्य की परम्परा बहुत प्राचीन है—लगभग तीन हजार साल पुरानी। हालाँकि वेदों, पुराणों और महाकाव्यों के सहारे कुछ लोग इस अवधि को और कई हजार साल पीछे ले जाते हैं; परन्तु उपलब्ध ऐतिहासिक साक्ष्य इसे स्वीकार नहीं करते। क्योंकि भारतीय आलोचना और विमर्श-सम्बन्धी प्राचीन एवं तथ्यात्मक स्रोत हमें सबसे पहले जैन और बौद्ध ग्रंथों में ही मिलते हैं, जो मूलतः पालि, प्राकृत अथवा मागधी में रचे गए हैं। इनके बाद ही संस्कृत और अन्य भारतीय भाषाओं का आलोचनात्मक साहित्य प्राप्त होता है। इसलिए पहली बात तो यह है कि संस्कृत के नाट्यशास्त्र से भारत की आलोचनात्मक परम्परा शुरू नहीं होती। वह शुरू होती है जनभाषा मागधी से। महावीर और बुद्ध, दोनों के उपदेश की भाषा मागधी थी। भाषा की प्राचीनता के सवाल पर बुद्ध ने स्पष्ट कहा है : 'सा मागधी मूल भाषा'। अतः इसमें कोई सन्देह नहीं कि भारत की गैर-आदिवासी भाषाओं में प्राकृत मागधी ही सबसे पुरानी भाषा है। आगे चलकर हम पाते हैं कि प्राकृत, जो देश की सबसे प्राचीन जनभाषा है, संस्कृत साहित्य में वह एक निम्नतर और अछूत भाषा बन जाती है। दूसरी महत्त्वपूर्ण बात है, प्राकृत से लेकर संस्कृत, तमिल, बांग्ला आदि भाषाओं की आलोचनात्मक परम्परा में आदिवासी समाज का दर्शन एकसिरे से गायब है। आलोचना की यह स्थापित और वर्चस्ववादी परम्परा हमें आदिवासी भाषाओं की वाचिकता में उपलब्ध समालोचनाओं के बारे में कोई भी जानकारी नहीं देती। और वह इस सन्दर्भ में कुछ संकेत अथवा सूत्र देती भी है तो वह आदिवासियों को इनसान ही नहीं मानती है। उनका चित्रण असुर, अनास, जंगली, बर्बर, असभ्य आदि रूपों में करती है। इसी तरह वह स्त्रियों और समाज के कारीगरों, श्रमिकों एवं किसानों

को भी, जो अब पिछड़े और दलित वर्ग कहे जाते हैं, असभ्य व संस्कारविहीन वर्ग की श्रेणी में रखती है। मतलब यह कि भारतीय भाषाओं में जितना भी और जैसा भी आलोचनात्मक साहित्य उपलब्ध है, वह पूरी तरह से एकपक्षीय है। नस्लीय, लैंगिक, धार्मिक, जातीय और साम्प्रदायिक है।

भाषा समाज की अभिव्यक्ति है। भाषाओं का निर्माण समाज करता है। इसलिए जैसा समाज होता है, वैसी ही उसकी भाषा होती है। गैर-आदिवासी साहित्य में भाषा के इस विशेष पहलू की जानकारी सबसे पहले संस्कृत के नाटकों में मिलती है, जिसमें भारतीय समाज के वे सभी पात्र, जो जात-पात वाली सामाजिक व्यवस्था में नीचे हैं, संस्कृत नहीं, प्राकृत बोलते हैं। मतलब, एक भाषा जो जनभाषा है, जिसे उस समय का समूचा भारतीय समाज बोलता है। संस्कृत के आने से वह नीच लोगों की भाषा बन जाती है। पहली सदी के आसपास की रचना माने जानेवाले 'नाट्यशास्त्र' में यह स्पष्ट निर्देश है कि नाटकों में निम्न वर्ग के पात्रों की भाषा 'प्राकृत' होनी चाहिए। इस निर्देश का पालन हमें आगे चलकर संस्कृत नाटकों में मिलता है। अश्वघोष का 'सारिपुत्र प्रकरण' और शूद्रक के 'मृच्छ्कटिकम्' में हम निम्नवर्गीय पात्रों को 'प्राकृत' में बोलते हुए पाते हैं।

भाषाओं के स्तरीकरण की यही प्रक्रिया हम औपनिवेशिक शासनकाल में देखते हैं, जब ब्रिटिश लूटेरों की भाषा अंग्रेजी मुगलों के राज-काज की भाषा फारसी-उर्दू को पूरी तरह से अपदस्थ कर देती है। यहाँ हमें यह ध्यान देना होगा कि संस्कृत भी सत्ता की भाषा थी, और फारसी-उर्दू भी। लेकिन अंग्रेजीराज के पहले की इन भाषाओं ने जहाँ भारत की देशी जनभाषाओं का पूरी तरह से नकार किया, वहीं अंग्रेजी ने गैर-आदिवासी जनभाषाओं सहित आदिवासी भाषाओं को भी संरक्षण दिया। उन्होंने भारत की जनभाषाओं में उपलब्ध ज्ञान-विज्ञान, कला-परम्पराओं और साहित्य को अंग्रेजी में संकलित और लिपिबद्ध किया। अंग्रेजी भाषासहित देशी भाषाओं यानी वर्नाकुलर लैंग्वेज में स्कूल खोले। वर्नाकुलर स्कूल मतलब देशी बोलियों के माध्यम वाला स्कूल। अंग्रेजों के लिए देशी बोलियाँ हिन्दुस्तानी, बांग्ला, मराठी, तमिल आदि भाषाएँ थीं, आदिवासियों की भाषाएँ नहीं। अन्य भारतीय भाषाओं की मान्यता और उसके विकास की दृष्टि से तब भी यह एक उदारवादी कदम था। क्योंकि संस्कृत और फारसी-उर्दू के सामन्ती शासनकाल के दौर में हमें ऐसे किसी प्रयास की जानकारी नहीं मिलती, जहाँ देशी बोलियों में पठन-पाठन किया जाता था। उन दिनों सिर्फ गुरुकुल और मदरसे ही होते थे, जिनके शिक्षा का उद्‌देश्य और पाठ्यक्रम पूरी तरह से धार्मिक था। नालंदा विश्वविद्यालय इसका सबसे बड़ा

उदाहरण है जिसमें स्त्रियों व दलितों को प्रवेश नहीं दिया जाता था, जबकि भारतीय इतिहास में 'बौद्धिक गर्व' की उद्घोषणा करनेवाला यह विश्वविद्यालय लगभग सात हजार साल (450 ई. से 1199 ई.) तक अस्तित्व में रहा था। स्पष्ट है कि अंग्रेजों के आने से पहले ज्ञान और आलोचनात्मक परम्परा पूरी तरह से नस्लीय, लैंगिक, धार्मिक, जातीय और साम्प्रदायिक पूर्वग्रहों पर आधारित थी।

भाषाओं की शब्द-सम्पदा को हम देखें। भारत के सभी गैर-आदिवासी भाषाओं में हम वैसे शब्दों की संख्या सबसे ज्यादा पाते हैं जो धर्म से जुड़े हैं। जैसे 'भगवान' शब्द। इस शब्द को हिन्दू समाज ने बनाया है। चूँकि हिन्दू समाज पुरुषप्रधान समाज है, इसलिए 'भगवान' शब्द सिर्फ पुरुष का अर्थ देता है। गॉड और अल्ला शब्दों से भी सिर्फ पुरुष का ही बोध होता है। जब हम भगवान, गॉड या अल्ला बोलते हैं तो हमारे अवचेतन में किसी स्त्री की छवि नहीं उभरती। इसी प्रकार सारे नकारात्मक और खल शब्द 'काला' को लेकर बनाए गए हैं। जैसे कलंकिनी, कलमुँहा, कुलटा, काला जादू, काला बाजार आदि। और हर गैर-आदिवासी भाषा में शत-प्रतिशत गालियाँ केवल स्त्री को लेकर बनाई गई हैं। गैर-आदिवासी समाज ने तो विश्वासपात्र और मेहनत करनेवाले जानवरों को भी नहीं छोड़ा है। कुत्ता और गदहा को गाली बना दिया है। अब जिस भाषा की शब्द-संरचना ही नस्लीय, लैंगिक और साम्प्रदायिक हो, उसकी आलोचनात्मक परम्परा कैसी होगी और कितनी विश्वसनीय होगी—विशेष कर तब, जब हम आदिवासी, स्त्री और दलित पर्सपेक्टिव से इस पर विचार करेंगे? क्योंकि हिन्दू वेद-पुराण भी आदिवासियों को राक्षस कहते हैं और प्रेमचन्द भी अपने 'गोदान' में हम आदिवासियों को जंगली और असभ्य के रूप में ही चित्रित करते हैं। हमारे माननीय राष्ट्रपति और मुख्यमंत्री भी 'नवरात्र' या 'दशहरा' पर 'आर्य हिन्दू' जनता को सार्वजनिक तौर पर बधाई देते हैं।

गैर-आदिवासी दुनिया की ज्ञान और आलोचनात्मक परम्परा जिस विश्व-दृष्टिकोण पर खड़ी है, वह मूल रूप से धार्मिक है। सत्यम् शिवम् सुन्दरम यानी सत्य ईश्वर है और ईश्वर ही सत्य है। ईश्वर के परे सत्य और सुन्दर की कल्पना गैर-आदिवासी समाज में नहीं है, जबकि हम सभी जानते हैं कि ईश्वर मनुष्य की गढ़ी हुई एक कल्पना है। तो, जो समाज कल्पना को सच मानता हो, उसकी आलोचनात्मक ज्ञान-परम्परा कैसी होगी? उसके शब्द-भंडार, भाषिक संरचना और शब्द-न्यास किन मूल्यों को अभिव्यक्त करेंगे?—हमें इस पर गम्भीरता से विचार करने की आवश्यकता है। तभी हम भारत की आलोचनात्मक ज्ञान-परम्परा की वास्तविकता को समझ पाएँगे। यही वजह है कि भारतीय आलोचना आज भी पश्चिमीमुखी है।

वेस्ट ओरिएंटेड है। हमारी विमर्श-परम्परा प्लेटो, सुकरात, औद्योगिक क्रांति, फ्रांस का रेनेसां, शेक्सपियर और मार्क्स के बीच ही घूमती रहती है। बुद्ध, गांधी और फुले-पेरियार-अम्बेडकर को भी हम इन्हीं की कसौटियों पर कसते और परखते हैं—ठीक उसी तरह, जिस तरह भारतीय इतिहास 'ऋग्वेद' के बिना शुरू नहीं होता।

आदिवासी दर्शन और ज्ञान-परम्परा वाचिक है। परम्परागत रूप से हम सृष्टि-प्रकृति के साथ-साथ सम्पूर्ण जीव-जगत की ध्वनियों तथा इनसान के शब्दों पर एक जैसा विश्वास करते हैं। इसे हम लोग, पढ़े-लिखे आदिवासी लोग, 'वाचिकता' कहते हैं। अंग्रेजी में ऑरेचर। ऑरेचर में कहा गया, सुना गया और लिखा जा रहा, सबकुछ शामिल है। गैर-आदिवासी दुनिया की तरह हम कहे गए और लिखे गए शब्दों में भेद नहीं करते। ऑरल, फोक लिटरेचर या लोक-साहित्य गैर-आदिवासी लोगों की भेदपरक काल्पनिक अवधारणा है, जबकि सचाई यह है कि कहे या सोचे हुए शब्द ही लिखे जाते हैं। मनुष्य ऐसा कुछ भी नहीं लिख पाता, जिसके लिए शब्द न हों। लिखा हुआ साहित्य बोले गए शब्दों को अविश्वसनीय मानता है। हम आदिवासी इससे सहमत नहीं हैं। हमारे लिए ऑरल विजडम और ट्रेडिशनल नॉलेज ही प्राथमिक है। आदिवासी ऑरेचर इसी की वर्तमान कड़ी है। धरती और प्रकृति की मूल परम्पराओं से जोड़कर ही आदिवासी समुदाय अपना वर्तमान और भविष्य देखता है। पुरखों का ऑरल विजडम यानी ऑरेचर ही आदिवासियत है, आदिवासी विश्वदृष्टि है।

ऐसे पुरखा-गीतों की संख्या पर्याप्त हैं जिनमें आदिवासियों का जीवन-दर्शन अभिव्यक्त हुआ है। प्रकृति, परिवेश, पर्यावरण के साथ-साथ दुनिया को वे किस रूप में देखते हैं, इसका वर्णन कई गीतों में है। उदाहरण के लिए इस मुंडा आदिवासी गीत को लिया जा सकता है जिसमें एक मुंडा युवक अपने माँ-पिता से सोना और रूपा यानी चाँदी की बात जानना चाह रहा है। लेकिन उसके माँ-बाबा कहते हैं कि मैना की तरह विनम्र मीठा बोलना और तोते की तरह हाजिरजवाब होना ही मनुष्य का मूल धन है। गीत है :

एङञ्‌किङ्‌अ पुञ्‌किङ्
सोना कजि गोड़े कनिअञ्‌बेन
हगञ्‌किङ् बरेञ्‌किङ्
रूपा बकण गोड़े बकगाञ्‌बेन
मरे बबु मरे बछ
मएनो लेकगे कजि इतिन्मे

मरे बबु मरे बछ
सुग लेकगे बकण सरिन्मे

[हे माँ, हे बाबा, मुझे सोने की बात बताओ। हे भाई, हे संगी, मुझे रूपे का वचन कहो। हे बाबू, हे बेटे, तुम मैना की तरह बात करना सीखो। हे बाबू, हे भाई, तुम सुग्गे की तरह बोलना सीखो।]

इसी तरह का एक गीत है जो हमें यह बताता है कि आदिवासियों का ईश्वर सर्वशक्तिमान होते हुए भी उन्हीं की तरह है। वह भी जीने के लिए परिश्रम करता है, जैसा इनसान करते हैं। सृष्टि का हर जीव-जंतु करता है। मतलब आदिवासियों का ईश्वर बिलकुल मनुष्य जैसा है। वह अलौकिक, चमत्कारी या मायावी नहीं है। ईश्वर को भी अपनी आजीविका के लिए जंगलों को साफ कर खेत बनाना पड़ता है। हल चलाना होता है।

सिङितुरोः होर रे
सिङिबोङा सीतन दुदुगरतन
चण्डुःमुल डरे रे
चण्डुबोङा खरतन कों असितन

[सूरज उगने के रास्ते में सूरज बोङा हल जोत रहा है, जिससे धूल उड़ रही है। चाँद निकलने के रास्ते में चाँद बोङ खेत बना रहा है, जिससे कुहासा छाया हुआ है।]

फिर भी वह सर्वशक्तिमान है क्योंकि वह सृष्टिकर्ता है। यहाँ सृष्टिकर्ता का अर्थ सृजन करनेवाले से है, जिसने मनुष्य सहित सभी जीव-जंतुओं का सिरजन किया। जैसे हमारे वास्तविक माँ-बाप हमारा सृजन करते हैं और हमें पालते-पोसते हैं, वैसे ही सर्वोच्च सृष्टिकर्ता ने हम सबका सिरजन किया है और वही हमारा पालन-पोषण और रक्षण करनेवाला है। आदिवासियों का ईश्वर उस तरह का पालनकर्ता नहीं है जैसाकि अन्य धर्मों के ईश्वर हैं। पालनकर्ता यहाँ केवल संरक्षक और अभिभावक की भूमिका में है। यह विश्वास कोई कोरी कल्पना की उपज नहीं है बल्कि उस वैज्ञानिकता की देन है जिसके अनुसार आम के पेड़ पर आम का ही फल लगता है, अमरूद या कटहल का नहीं। इसी वैज्ञानिक विश्वास की कहावत है : 'बोया पेड़ बबूल का तो आम कहाँ से होय'! कहने का तात्पर्य यह कि आदिवासी दर्शन वैज्ञानिकता और यथार्थ की मजबूत नींव पर खड़ा है, कल्पना और अलौकिकता पर नहीं। प्रकृति और परिवेश जिसका मूलाधार है।

आदिवासी पुरखा गीतों, कहानियों और कहावतों वाला ऑरेचर बहुत समृद्ध है। लेकिन इस ऑरेचर में गैर-आदिवासी दुनिया और उसके व्यवहार के बारे में बहुत कम कहा गया है। जो भी है, वह बस केवल सूत्र रूप में है। आदिवासी आलोचना गैर-आदिवासी आलोचनाओं की तरह उपेक्षा या निन्दा का भाव नहीं रखती। वह बहुत ही विजडम के साथ गैर-आदिवासी समाज की बगैर अवमानना किये, बिना किसी निन्दा के, उनके जीवन-दर्शन की आलोचना करती है।

कुछ उदाहरण रखती हूँ। यह मुंडा आदिवासियों का पुरखा गीत है :

हे पंछी, तुम कितनी चतुराई करोगे?
एक दिन तुमको बझा ही देंगे!
हे पंछी, तुम कितनी सावधानी करोगे?
एक दिन तुमको फँसा ही लेंगे!
हे पंछी, एक दिन बझा लेंगे,
डाड़ी के पानी में ही बझा लेंगे।
हे पंछी, एक दिन फँसा ही लेंगे,
झरने के पानी में ही फँसा लेंगे।

कौन हैं ये लोग, जो पंक्षियों को एक न एक दिन फँसा ही लेंगे? क्या ये वही लोग तो नहीं हैं जो आदिवासी इलाके में पहले सिर्फ नमक लेकर आए, फिर धीरे-धीरे बसते चले गए? खरीद-बिक्री शुरू की और बिना श्रम किये अधिक से अधिक लाभ कमानेवाली 'बाजार' आधारित अर्थ-व्यवस्था की शुरुआत की? यह कैसा समाज है और उसका जीवन-दर्शन कैसा है, अगले गीत में इसे ही दर्ज किया गया है। इस गीत में पुरखा लोग बताते हैं कि बाहरी समाज एक भिन्न नस्ल, भाषा-संस्कृति और दर्शनवाला है।

घोड़े की मदद से कौन खेती करता है?
हल चलाते हुए किसके बाल हिलते हैं?
चलो उसे देखते हैं, चलो उसे पहचानते हैं।
हाँ, हमने उसे देख लिया।
हाँ, हमने उसे पहचान लिया।

यह मुंडा आदिवासी गीत कहता है : 'हाँ, हमने उसे पहचान लिया'। किसे पहचान लिया? उन्हें, जो घोड़े की मदद से खेती करता है। उपरोक्त गीत में 'घोड़े की मदद से खेती' ऊपर से देखने में एक साधारण पंक्ति मालूम होती है, जिसका

सामान्य अर्थ यही निकाला जाएगा कि ज्यादा बल लगाकर बड़े भू-भाग में खेती करनेवाला समाज। परन्तु इसका अर्थ इससे कहीं ज्यादा व्यापक है। यहाँ घोड़ा उस आर्यन समाज का प्रतीक तो है ही जो बाहर से आया, पर यह उस सामन्ती और उत्पीड़क व्यवस्था को भी सूचित करता है जिसने घोड़े के बल पर कृषक समाज को शासित किया; और अपनी सैन्य-शक्ति के बल पर साम्राज्य खड़े किये। इतिहास के अध्येता इससे अच्छी तरह से वाकिफ हैं और मेरा विश्वास है कि सामाजिक विज्ञान के विद्यार्थी भी इससे असहमत नहीं हो सकते हैं कि हमारी दुनिया आज जिस तथाकथित विकास के सोपान पर खड़ी है, वह मूल रूप से सदियों पहले 'घोड़े की मदद से की गई खेती' का ही परिणाम है। इस अर्थ में यह पंक्ति एक जबरदस्त आदिवासी मेटाफर है जो गैर-आदिवासी समाज के कार्य-व्यापारों और जीवन-दर्शन को अनेकानेक अर्थों में उद्घाटित करती है यानी गैर-आदिवासी समाज एक ऐसा समाज है जो सामन्ती है, ब्राह्मणवादी है, जिनका दर्शन मनुष्य और मनुष्य में फर्क करता है, जहाँ श्रेणीबद्धता है। कोई सबसे ऊपर है तो कोई सबसे नीचे। जहाँ जातियाँ हैं, उपजातियाँ हैं। जिनका समाज वर्णाश्रम वाला है, जिसमें कुछ लोगों की पूजा होती है और कुछ लोगों को नीच समझा जाता है। मैदानी इलाकों में पसरे इस समाज में राजा और पुरोहित का गठजोड़ है। वे लोगों के श्रम का दोहन करते हैं और विलासितापूर्ण जीवन जीते हैं। उनके समाज में स्त्रियाँ और दलित-पिछड़े वर्ग के लोग मनुष्य होने के अधिकार से भी वंचित हैं। और चूँकि आदिवासी लोग वर्णाश्रम में सबसे निम्नतम माने जानेवाले शूद्रों से भी हेय हैं, और वे वर्णाश्रम का हिस्सा भी नहीं हैं इसलिए 'असुर' हैं। गीत देखिए :

गंगा के बीच या समुद्र के बीच
बारह गोसाईं बैठे हुए हैं।
गंगा के बीच या समुद्र के बीच
बाईस ब्राह्मण बैठे हुए हैं।
वे बैठे हुए बारह गोसाईं
हे मित्र, क्या कर रहे हैं?
वे आये हुए बाईस ब्राह्मण
हे संगी, क्या कर रहे हैं?

यह आलोचना है—स्वस्थ आलोचना, जिसमें आदिवासी समाज गैर-आदिवासी समाज के जीवन-मूल्यों को परख रहा है। उसे समझ रहा है। वह देख रहा है कि

गैर-आदिवासी समाज में श्रम की कोई प्रतिष्ठा नहीं है। श्रम करनेवाले लोग, कारीगरी करनेवाले लोग, खेती-किसानी करनेवाले लोग दिन-रात अपमानित किये जाते हैं। उनकी सामाजिक व्यवस्था में श्रम का अवमूल्यन है। स्त्रियाँ और दलित जातियाँ गुलाम हैं। वहाँ जो वर्ग जितना ज्यादा मेहनत करता है, वह उतना ही प्रताड़ित और अपमानित होता है।

हमें ऐसी ही आलोचनात्मक दृष्टि और परम्परा के पुनर्पाठ की जरूरत है। जो आलोचना तो करे, लेकिन किसी समाज, वर्ग और इनसानी समूह के प्रति नस्लीय, धार्मिक और लैंगिक पूर्वग्रह नहीं रखे। ऑरेचर यानी आदिवासी भाषाओं का वाचिक और लिखित साहित्य हमें यही सन्देश देता है। वह हमें सभी रंगों के प्रति समान भाव रखने की दृष्टि देता है। सहजीविता, यानी कोएक्जिस्टेंट जिस आलोचना के केंद्र में नहीं होगी, वह इनसानी सभ्यता के लिए हमेशा आत्मघाती बनी रहेगी।

इस दृष्टि से यह सेमिनार बहुत महत्त्वपूर्ण है। क्योंकि यह संस्कृत-तमिल के दायरे से बाहर निकलकर भारत की अन्य भाषाओं की आलोचनात्मक ज्ञान-परम्परा तक पहुँचने के लिए आयोजित की गई है। मनुष्यता की दृष्टि से यह एक बहुत ही सकारात्मक कदम है। आदिवासी भाषाओं के लिए तो यह उत्साहजनक है ही। बौद्धिक और अकादमिक जगत को इस पहल का स्वागत करना चाहिए। अगर यह सेमिनार देश के सोशल साइंटिस्टों और आम बौद्धिकों का ध्यान इस ओर खींच पाई, तो मुझे पूरा विश्वास है कि आनेवाले दिनों में हम भारत की उस समृद्ध आलोचनात्मक ज्ञान-परम्परा को जान सकेंगे, जिसे एकपक्षीय लेखन और अध्ययन ने अब तक रोक रखा है, या अभी भी उसे विकृत रूप में ही प्रस्तुत कर रहे हैं।

आदिवासी ज्ञान-परम्परा से ही बचेगी दुनिया

समाज और उसके सभी सदस्यों के साथ भेदभाव किये बिना शान्तिपूर्ण सहअस्तित्व को सुनिश्चित करने की प्रमुख कुंजी भाषाओं (लोक ज्ञान-परम्परा) का सम्मान करना ही है।

—इरिना बोकोवा
महानिदेशक, यूनेस्को
अन्तरराष्ट्रीय मातृभाषा दिवस, वर्ष, 2008

हम आदिवासियों को भारत के सभ्य और सुसंस्कृत कहे जानेवाले समाज के नजरिये पर कोई आश्चर्य नहीं होता कि वे हमें आज भी जंगली, बर्बर, आदिम तौर-तरीकों में जीनेवाला एक अतिपिछड़ा समुदाय मानते हैं। इससे भी बढ़कर यह कि वे खुद को हमारा 'उद्धारक' समझते हैं। और चूँकि सत्ता व सरकार में भी वही हैं इसलिए सभी विकासीय योजनाओं का अन्तःचरित्र भी 'कल्याणकारी' होता है। इसका अर्थ यह हुआ कि हम आदिवासी आधुनिक सभ्यता के हिसाब से अत्यन्त पिछड़े तो हैं ही, अज्ञानी और मूढ़ भी हैं। वैसे भी आधुनिक सभ्य समाज की यह सर्वमान्य धारणा है कि जो अनपढ़ है, वह निरा अज्ञानी है। उसके पास बुद्धि और विवेक नहीं है। उसका न तो कोई इतिहास है और न ही भाषा। दरअसल यह एक औपनिवेशिक अवधारणा है जिसका प्रचार-प्रसार लूट और शोषण का राज बनाये रखने के लिए जरूरी होता है। इस 'राज' को स्थायित्व प्रदान करने के लिए ज्ञान पर एकाधिकार पहली शर्त है।

हम सभी जानते हैं कि भाषा, लिपि, चित्रांकन, लेखन -कला आदि अभिव्यक्ति अथवा सम्प्रेषण के माध्यमों की शुरुआत इनसानी समाज में विशेष प्रयोजनों और

वृहत्तर मानवीय सरोकारों की वजह से हुई है। समाज को सुचारू रूप से नियंत्रित, व्यवस्थित और संचालित करने के लिए रोजाना के जीवन में होनेवाले प्रत्यक्ष-अप्रत्यक्ष ज्ञान और अनुभवों को सहेजना व साझा करना जरूरी था। भाषा के विकास के बिना यह कार्य सम्भव नहीं था। इसीलिए पैदा होते ही भाषा तेजी से पूरे समाज में पसर गई—निवास के सभी क्षेत्रों में और भिन्न-भिन्न रूपों में। इस अर्थ में कोई भी भाषा महज कुछ शब्दों और ध्वनियों का व्यवस्थित अनुशासन, अभिव्यक्ति या सम्प्रेषण का माध्यम भर नहीं है बल्कि वह हमारी समूची ज्ञान-परम्परा का गतिशील कोष है। भाषा ही वह जीवित सूत्र है जिसे पकड़कर दुनिया आज विकास के इस सोपान पर पहुँची है। यूनेस्को की महानिदेशक इरिना बोकोवा के शब्दों में : 'मातृभाषाएँ, जिनमें कि कोई भी अपना पहला शब्द बोलता है और फिर उसमें अपनी व्यक्तिगत सोच की अभिव्यक्ति करता है, वही उसके इतिहास और संस्कृति की मूल होती है।' इसलिए भाषा के विलोपन का अर्थ है—इतिहास, संस्कृति और समूची ज्ञान-परम्परा को खो देना।

इतिहास बताता है कि जैसे-जैसे आधुनिक सभ्यता का विकास होने लगा, प्राकृतिक संसाधनों से भरपूर इलाकों में रहनेवाले आदिवासी समुदायों की भाषाएँ धीरे-धीरे विलोपन के संकट से घिरने लगीं। राज करनेवाले लोगों की सत्ता और उनकी भाषाओं का विस्तार तेजी से हुआ और 21वीं सदी तक अनेक आदिवासी समुदाय और उनकी भाषाओं का समूल खात्मा हो गया। दुनिया के अधिकांश राष्ट्रों ने इस प्रक्रिया को आदिवासियों यानी मूल निवासियों के साथ किया गया 'ऐतिहासिक अन्याय' माना है, परन्तु इस स्वीकारोक्ति के बाद भी यह विध्वंसक और हत्यारी प्रक्रिया अब भी जारी है। संयुक्त राष्ट्र संघ ने इसीलिए लोक में व्याप्त ज्ञान-परम्परा को बचाने के लिए लोकभाषा, विशेष कर आदिवासी भाषाओं के संरक्षण पर जोर देते हुए 2008 को अन्तरराष्ट्रीय मातृभाषा वर्ष एवं 2010 को अन्तरराष्ट्रीय सांस्कृतिक सम्मिलन वर्ष घोषित किया। फिर भी भारत जैसे देशों में जहाँ सदियों के दोहन-लूट के बाद अब भी प्राकृतिक संसाधनों का अकूत भंडार है, ऐसी अपीलों पर कोई ध्यान नहीं दिया गया।

किसी भी ज्ञान-परम्परा का अपहरण और विलोपन 'राज' को टिकाए रखने के लिए जरूरी होता है। भाषाएँ इसी वजह से पहले निशाने पर होती हैं। लूट, हत्या, विस्थापन, पलायन आदि लोगों को प्रत्यक्षत: दिखते हैं, पर भाषा और उसमें संचित गतिशील ज्ञान-परम्परा का संहार दिखाई नहीं देता। लेकिन सत्ता प्रायोजित भाषा, संस्कृति, साहित्य, फिल्म, टीवी, शिक्षा, धार्मिक-सांस्कृतिक उत्सवों के

जरिये शासित समुदायों की भाषाओं को इत्मीनान से घेरकर मारने का काम जारी रहता है—यह घोषित करते हुए कि आदिवासियों को विकास की मुख्यधारा में लाने के लिए उनका 'संस्कृतीकरण' जरूरी है। यह संस्कृतीकरण सीधे-सीधे आदिवासी पहचान, इतिहास, जीवन-दर्शन, संस्कृति, भाषा, कला-कौशल, ज्ञान-परम्परा पर हमला है, जिसे हम लोग पिछली कई सदियों से झेल रहे हैं।

ज्ञान-परम्परा के नकार, अपहरण और इस अदृश्य सांस्कृतिक नरसंहार को विश्वविख्यात नाइजीरियाई आदिवासी कथा-लेखिका चिमामांडा अडीची इस तरह से व्यक्त करती हैं : 'मेरा जन्म एक पारम्परिक मध्यवर्गीय नाइजीरियाई परिवार में हुआ था। मेरे पिता प्रोफेसर थे। मेरी माँ प्रशासक के पद पर थीं। और इस प्रकार, जैसा वहाँ चलन था, हमारे घर में नौकर-चाकर थे जो पास के गाँव-देहात से आते थे। जब मैं आठ साल की हुई, हमारे घर में काम करनेवाला एक लड़का आया। उसका नाम फीडे था। मेरी माँ ने उसके बारे में यही बताया कि उसका परिवार बहुत गरीब था। मेरी माँ ने उसके घर जिमीकन्द, चावल, और हम लोगों के पुराने कपड़े भेजे। और जब कभी मैं अपना खाना छोड़ देती, तो मेरी माँ कहतीं—खाना मत छोड़ो। तुम जानती हो, फीडे जैसे लोगों के पास खाने को भी नहीं है।—तब मुझे फीडे के परिवार पर बहुत दया आती थी। फिर एक शनिवार को मैं उसके गाँव तक गई और उसकी माँ ने मुझे खूबसूरत बुनाईवाली बास्केट दिखाई, जो उसके भाई ने ताड़ के रँगे हुए पत्तों से बनाई थी। वह देखकर मैं हैरान रह गई। मैं सोच भी नहीं सकती थी कि उसके परिवार में वास्तव में कोई कुछ बना सकता था। मैं सिर्फ यही सुनती आई थी कि वे बहुत गरीब थे, और इस तरह मैं उनके बारे में कुछ और नहीं जान सकी थी सिवाय इसके कि वे बहुत गरीब थे।'

झारखंड में 'गुरु गोमके' (महान शिक्षक) रघुनाथ मुर्मू, 'कोल गुरु' (आदिवासी शिक्षक) लको बोदरा और प्यारे केरकेट्टा जैसे आदिवासी सांस्कृतिक पुनर्जागरण के अगुओं के साथ 'मरङ गोमके' (महान अगुआ) जयपाल सिंह मुंडा ने भी इस सांस्कृतिक नरसंहार को चालीस-पचास के दशक में महसूस किया था। संताली साहित्य-संस्कृति के अगुआ और 'ओलचिकी' आदिवासी लिपि के आविष्कारक रघुनाथ मुर्मू ने अपने एक साक्षात्कार में कहा है : 'मैं जब स्कूल में पहुँचा तो वहाँ शिक्षक एक ऐसी भाषा में पढ़ा रहे थे जिसे मैं नहीं जानता था। वह भाषा हमारे घर-परिवार और गाँव में कोई नहीं बोलता था।' पुराने लोग बताते हैं कि हो आदिवासी समुदाय के लको बोदरा का अनुभव भी ऐसा ही था : 'मुझे स्कूल में

मार पड़ी, क्योंकि वहाँ जिस भाषा में पढ़ाई होती थी, मैं उसे सीखने में कमजोर था। स्कूल से घर लौटने पर मैंने माँ से कहा—अब मैं कभी स्कूल नहीं जाऊँगा।'

खड़िया आदिवासी समुदाय के पहले पढ़े-लिखे समाज-सुधारक प्यारे केरकेट्टा मेरे नाना थे और उनके मुताबिक अंग्रेजी व हिन्दी पढ़ने-लिखने में पहले उनका मन बिलकुल नहीं लगता था। वे बताते थे कि आजादी से पहले अंग्रेजों द्वारा स्थापित स्कूलों में अपनी मातृभाषा में बात करने पर मार पड़ती थी। सजा दी जाती थी। मेरा व्यक्तिगत अनुभव है कि हमारी भाषा व परम्परागत ज्ञान को हेय समझा जाता है और इस आम धारणा से हर कदम पर जूझती हूँ कि आदिवासी औरतें किसी के भी साथ सोने के लिए हर वक्त सुलभ रहती हैं। इसीलिए जयपाल सिंह मुंडा ने नेहरू-पटेल के साथ संविधान बनने के पहले हुई ऐतिहासिक वार्ता में कहा था : 'राज तुम्हारा है। झंडा तुम्हारा है। सीमाएँ तुम्हारी हैं। ऐसा क्या होगा इस स्वतंत्र भारत में, जिससे देश के हम सभी आदिवासी समुदाय शेष नागरिक समाजों के साथ समान रूप से व्यवहार कर पाएँगे?'

कोई भी मानव समुदाय, वह चाहे विकास की जिस अवस्था में हो, ज्ञान-परम्परा से शून्य नहीं होता। जीवन-यापन का उसका अपना तौर-तरीका, खान-पान, मूल्यबोध और कौशल होता है। आदिवासी समुदायों ने प्रकृति के साहचर्य में जिस ज्ञान-परम्परा को विकसित किया है, उस आदिवासी विश्व-दृष्टिकोण की अनदेखी सम्पूर्ण मानवता के लिए घातक है। राजा-रानियों के छल-प्रपंचों वाले 'राज्यसत्ता' के इतिहास पर गर्व करनेवाले आधुनिक समाज की ज्ञान-परम्परा एकांगी और तानाशाह है। यह रंगभेद, नस्लभेद, लिंगभेद, साम्प्रदायिक विचारों से भरा पड़ा है। और निःसन्देह इसका निदान उन उच्चतर मानवीय मूल्यों व ज्ञान-परम्पराओं में ही निहित है, जिसके नैसर्गिक वारिस श्रमशील आदिवासी—दलित एवं अन्य कमजोर और वंचित समूह हैं।

भूमंडलीकरण, 'पहचान का संकट' और वर्चस्ववाद की राजनीति

सभ्य और सुसंस्कृत बनाया गया विचार दुनिया के लिए सबसे खतरनाक होता है।

—नोसा इगीबोर

नाइजीरियाई आदिवासी लेखक और सम्पादक

सुप्रसिद्ध भाषाविद् सुनीति कुमार चटर्जी की 125वीं जयंती पर आयोजित यह सेमिनार इस दृष्टि से बहुत ही महत्त्वपूर्ण है, जब यूनेस्को की 'एटलस ऑफ द वर्ल्ड्स लैंग्वेजेज इन डेंजर' के अनुसार भारत की 197 भाषाएँ खत्म होने के कगार पर हैं। इन 197 भाषाओं के विलुप्तीकरण का मसला तब और गम्भीर हो जाता है, जब हम इस तथ्य से अवगत होते हैं कि इनमें से अधिकांश भाषाएँ आदिवासियों की हैं। दुनिया के फर्स्टपीपल की भाषाएँ यानी धरती की पहली इनसानी ध्वनियाँ, पहली अभिव्यक्तियाँ।

हमारी समझ से सेमिनार की जो थीम है—'बोली और पहचान का संकट'—वह भाषाविज्ञान या समाजशास्त्र की बजाय पॉलिटिकल ज्यादा है। पहचान के सवाल पर देश का विभाजन हुआ और बोली-भाषा के आधार पर राज्यों का गठन-पुनर्गठन किया गया। इन्हीं दो सवालों पर भारतीय राजनीति आज भी साँस लेती है। भ्रष्टाचार, बेरोजगारी, महँगाई, शिक्षा, स्वास्थ्य और मानवाधिकार जैसे मूलभूत सवालों की हवा निकालने के लिए हमारी राजनीतिक सत्ता-व्यवस्था पहचान और भाषा के पिन का ही अचूक इस्तेमाल करती है। पहचान मतलब—धार्मिक पहचान, जातीय पहचान, साम्प्रदायिक पहचान, अल्पसंख्यक पहचान, अस्मितावादी पहचान, आदि-आदि।

इसलिए सेमिनार की मुख्य थीम 'बोली और पहचान का संकट' का आशय मेरी समझ से इंडीजिनस या आदिवासी समाज का संकट नहीं है, बल्कि इसका सम्बन्ध भारतीय भू-भाग के साथ-साथ समूचे विश्व समुदाय के संकट से है। हाँ, अगर थीम का आशय आदिवासी और देशज भाषाओं और उसके समाज के संकट से है तो फिर इसे बोली और पहचान पर सांस्कृतिक हमला कहना ज्यादा सही होगा। दरअसल, 'संकट' शब्द आन्तरिक और बाहरी दोनों खतरों को सूचित करता है। लेकिन जब हम संकट की जगह हमला या आक्रमण सुनते हैं तो खतरा बाहरी है, इसे समझने में जरा भी मुश्किल नहीं होती। साथ ही हम, बाहरी हमले की नीयत क्या है और हमलावर कौन है, इसके बारे में समकालीन परिस्थितियों और पूर्व के अनुभवों से कुछ-कुछ अनुमान भी लगा पाते हैं, और खतरे से बचने के लिए सुरक्षा के कुछ उपाय भी कर पाते हैं।

संकट कहने से पहले तो यही स्पष्ट नहीं होता कि जो संकट है, वह कैसा है, क्यों है और उसका स्वरूप क्या है? ऐसा लगता है, मानो यह कहनेवाले का आन्तरिक संकट है, जिससे बाहर निकलने के लिए वह हमसे मदद चाहता है। इस तरह संकट की मूल अर्थ-दिशा आन्तरिक हो जाती है और सुननेवाला खुद को बाहरी मददगार की भूमिका में खड़ा पाता है। इसीलिए भारत के बहुसंख्यक धर्म-दर्शन में संकट से उबारनेवालों संकटमोचक अवतारों की भरमार है, जबकि हमले या आक्रमण के दौरान किसी संकटमोचक अवतार की नहीं, बचाव में साथ देनेवाले साथी और योद्धा की जरूरत होती है।

संकट और हमला—आइए, इन दोनों को हम भाषाओं के उदाहरण से समझने की कोशिश करते हैं। भोजपुरी बोलनेवालों की संख्या करोड़ों में है। बिहार के भोजपुर से लेकर उत्तर प्रदेश के बड़े हिस्से में यह भाषा बोली जाती है। मॉरिशस और कई दूसरे कैरेबियन देशों में भी भोजपुरी भाषा-भाषियों की संख्या बहुत बड़ी है। जनसंख्या की दृष्टि से एक बड़ी भाषा होने के बावजूद भोजपुरी एक संकटग्रस्त भाषा है। बिहार, उत्तर प्रदेश और मॉरिशस में भोजपुरी कहीं भी राजकाज और शिक्षा की भाषा नहीं है। भारत, जहाँ इसका मूल उद्गम है और जिस भाषा का व्यक्ति देश का प्रथम राष्ट्रपति रह चुका है, हम जानते हैं, वहीं इसे आज तक भाषा के रूप में मान्यता नहीं दी गई है। इसीलिए आदिवासी भाषाओं की तरह ही भोजपुरी भाषा भी आठवीं अनुसूची में शामिल होने के लिए गुहार लगा रही है। दूसरी तरफ झारखंड में रहनेवाला आदिम आदिवासी समुदाय बिरहोर, जिसकी भाषायी जनसंख्या मात्र दो हजार के आसपास है, वह भी संकट में है। लेकिन जब हम भाषायी संकट पर

चर्चा करते हैं तो भोजपुरी की बात नहीं होती, चर्चा के केन्द्र में सीधे-सीधे आदिवासी भाषाएँ ही होती हैं।

इसी तरह जब हम जातीय और धार्मिक अस्मिता के संकट की बात करते हैं तो हिन्दू, मुस्लिम, सिक्ख या ईसाई की पहचान का सवाल हमारे दिमाग में नहीं आता, जबकि आजादी के बाद का ही समय लें तो हिन्दू और मुस्लिम—इन दो समाजों ने अपनी पहचान और वर्चस्व के सवाल पर देश और देश के सभी समाजों को दंगे की आग में झोंक रखा है। इस आग में वे गाहे-बगाहे इसाइयों और सिक्ख जैसे दूसरे समाज को भी खींचते रहते हैं। हिन्दू-मुस्लिमों की पहचान का सवाल अब तक लाखों जानें ले चुका है—पर हम इसे 'पहचान का संकट' नहीं मानते, साम्प्रदायिकता कहते हैं, ऐसा क्यों?

क्योंकि हम यानी बहुसंख्यक समाज, सत्ता और उसका बौद्धिक-अकादमिक जगत यह मान चुके हैं कि :

1. आदिवासी समाज एक आदिम समाज है। वह बर्बर और पिछड़ा है, वंचना का शिकार है।
2. आदिवासी समाज एक खत्म होता हुआ समाज है। उसे हर हाल में खत्म हो ही जाना होगा।
3. भौतिकता और आधिभौतिकता, दोनों स्तरों पर आदिवासी समाज विकास से कोसों दूर है।
4. आदिवासियों के पास सुघड़ कुछ भी नहीं है। जो भी है, रफ है, अनगढ़ है।
5. आदिवासी जुबानविहीन हैं—वॉइसलेस।

आदिवासियों के बारे में यह पूरी की पूरी अवधारणा 'संकट' से उपजाई गई है। अन्यथा जब हम संकट की बजाय वर्चस्व और हमले की बात करेंगे तो ऐसा कहना होगा :

1. आदिवासी समाज एक समृद्ध आदिम समाज है जिसका सबकुछ लूट लिया गया है, लूटा जा रहा है।
2. आदिवासी समाज एक लड़ाकू समाज है और पाँच हजार सालों के नस्लीय व सांस्कृतिक संघर्ष के बावजूद आज भी बचा हुआ है।
3. भौतिकता और आधिभौतिकता, दोनों स्तरों पर आदिवासी समाज सृष्टि में एक ऐसा समाज है, जो प्राकृतिक संसाधनों का सबसे न्यूनतम उपयोगकर्ता है और जिसके पास लालच, द्वेष और युद्धरहित इनसानी मूल्य और जीवन-दर्शन हैं।

4. आदिवासियों की सुघड़ता तत्त्वों अथवा वस्तुओं में नहीं बल्कि सहजता, सरलता, निर्मलता और उसके सृजन के आनन्द में है।
5. आदिवासी समुदाय ध्वनियों के पहले संरक्षक और सर्जक हैं और वे एक बहुभाषायी संसार हैं।

इसलिए एक आदिवासी होने के नाते हमारी यह स्पष्ट समझ है कि 'संकट' शब्द आदिवासी समुदायों की अस्मिता और उसकी भाषाओं की वास्तविक स्थिति को सूचित नहीं करता। दूसरे रूप में कहें तो यह आदिवासियों के खिलाफ पिछले पाँच हजार सालों से चल रहे भाषायी-सांस्कृतिक संहार के ऐतिहासिक तथ्यों को डाइल्यूट करता है। आर्यों के उस एकतरफा नस्लीय और सांस्कृतिक युद्ध का बचाव करता है, जिसके बारे में सुनीति कुमार चटर्जी की समझ बहुत साफ है। वे लिखते हैं : 'ऑस्ट्रिकों का जो आर्यीकरण आज से साढ़े तीन या तीन हजार वर्ष पूर्व इस देश में, आर्य भाषा के आगमन के साथ ही शुरू हुआ, वह अब तक चल रहा है और उसका अन्त होगा कोलभाषियों को आर्य भाषा ग्रहण कराकर और दो-तीन सौ वर्षों में या इससे भी कम समय में कोल तथा दूसरी दक्षिण भाषाओं को लुप्त करके, तब इस आर्यीकरण प्रक्रिया का अन्त होगा।'[1]

एक दूसरा महत्त्वपूर्ण सवाल बोली और भाषा का है। भाषाविज्ञानियों के बीच इनके अन्तर को लेकर विवाद है। कुछ को कोई विशेष अन्तर नहीं दिखता तो कुछ को दिखता है। जिन्हें अन्तर दिखता है, वे यह मानते हैं कि भाषा का भौगोलिक क्षेत्र व्यापक होता है जबकि बोली का सीमित। भाषा के अन्तर्गत कई बोलियाँ हो सकती हैं, लेकिन किसी बोली के अन्तर्गत एक या अधिक भाषाएँ नहीं हो सकतीं। भाषा की विभिन्न बोलियों में परस्पर बोधगम्यता रहती है लेकिन भाषाओं में नहीं। भाषा व्याकरणसम्मत, मानक तथा शुद्ध होती है, जबकि बोली का कोई निश्चित व्याकरण नहीं होता। भाषा का प्रयोग शिक्षा, शासन, साहित्य के लिए और बोलियों का इस्तेमाल सिर्फ दैनिक व्यवहार में किया जाता है। भाषा और बोली का यह अन्तर मुख्य रूप से उसी ऐतिहासिक सामाजिक विकास का सूत्रीकरण है, जिसे हम कबीलाई समूहों से सामन्ती अवस्था और सामन्ती अवस्था से पूँजीवादी समाज के निर्माण के रूप में जानते हैं। संगठित धर्म, सत्ता और व्यापार यानी अर्थतंत्र को टिकाए रखना एक 'भाषा' के अभाव में सम्भव नहीं था। और एक भाषा का विकास व्याकरण के जरिये बोलियों को संगठित या निष्प्रभावी किए बगैर नहीं हो सकता था। इसे ही सुनीति कुमार ने 'आर्यीकरण' कहा है। हालाँकि ब्रिटिश राज की कॉलोनी बनने के बाद देशज और आदिवासी भाषाओं को लीलनेवाली आर्य भाषाएँ

अंग्रेजीकरण के हमले का शिकार बनीं, पर शिकार बनने के बावजूद उसने अपनी ही जननी आदिवासी भाषाओं का शिकार करना नहीं छोड़ा। स्थिति यह है कि आदिवासी भाषाएँ 'आर्यीकरण' और 'अंग्रेजीकरण', दोनों के हमलों का सामना कर रही हैं।

जॉर्ज ग्रियर्सन ने इस देश में पहला भाषायी सर्वेक्षण किया था। उनके सर्वेक्षण के आँकड़े 1927 में सामने आए थे। ग्रियर्सन ने अपने सर्वेक्षण से देश की 723 बोलियों और भाषाओं (179 भाषा और 544 बोलियाँ) का परिचय दिया था। आजादी के बाद 1951 के भाषायी सर्वेक्षण में 845 बोली-भाषा के होने की सूचना दर्ज की गई, जिनमें 60 को बोलनेवालों की आबादी एक लाख से कम थी। इसके बाद 1961 में सर्वेक्षण हुआ। इस सर्वेक्षण ने 1652 बोलियों और भाषाओं की जानकारी दी। इनमें 193 को भाषाओं के अन्तर्गत रखा गया था। अगर हम सिर्फ भाषाओं की ही बात करें तो 1981 में 184 भाषाएँ रह गईं। 1991 में 72 भाषाएँ और कम हो गईं और अब कुल 112 भाषाएँ बच गईं। भारतीय मानव विज्ञान सर्वेक्षण की परियोजना 'भारत के लोग', 1993 के अनुसार हमारे देश में 325 भाषाएँ हैं जिनमें 75 मुख्य और बड़ी भाषाएँ हैं, जबकि एथनोलॉग के अनुसार भारत 398 जीवित भाषाओं वाला देश है और इनमें से 11 विलोपन के खतरे का सामना कर रही हैं। 2001 में भाषाओं की संख्या 122 और बोलियों की संख्या 234 रह गई। इन आँकड़ों पर गौर करते हुए हमें गम्भीरता से विचार करना होगा कि 1961 में 193 भाषाएँ थीं जो 2001 में घटकर 122 रह गईं और 1459 बोलियों में से मात्र 234 बोलियाँ ही बच पाईं। 70 भाषाओं और करीब 1200 बोलियाँ किसी संकट से नहीं, भाषायी हमले में ही मारी जा सकती हैं।

भाषाओं को मारने में धार्मिक ग्रंथों की भाषा, राजकाज की भाषा, संविधान की आठवीं अनुसूची, शिक्षा की भाषा, रोजगार की भाषा, तथाकथित राष्ट्रीय साहित्य की भाषा और मीडिया व फिल्म-टीवी जैसे लोकप्रिय संचार और मनोरंजन के माध्यमों की भाषा प्रमुख भूमिका निभाती हैं। इनमें सबसे खतरनाक है शिक्षा की भाषा। यह एनकाउंटर स्पेशलिस्ट की तरह खूंखार होती है और प्राथमिक शिक्षा के दौरान ही आदिवासी व देशज भाषाओं को शर्तिया तौर पर मार गिराती है। इससे बच जानेवाली भाषाओं को राज्यसत्ता, रोजगार, साहित्य, बाजार, मीडिया और मनोरंजन की भाषा के क्षेत्रों में घेरकर मार दिया जाता है।

राजनीतिक क्षेत्र में एक बड़ा ही पॉपुलर शब्द है—फासिज्म। इस फासीवाद का जिक्र अक्सर एक विशेष सामाजिक समूह के सन्दर्भ में होता है, जो नस्लीय वर्चस्व को कायम करने की तानाशाही राजनीति करता है। भारत में दक्षिणपंथी

साम्प्रदायिक राजनीति के उभार को फासीवाद के तौर पर चिन्हित किया जाता है। कहा जाता है कि वह एक धर्म, एक राष्ट्र की साम्प्रदायिक फासीवादी राजनीति कर रहा है। लेकिन अंग्रेजी, हिन्दी और बांग्ला जैसी भाषाओं और उसके समाज को फासीवादी नहीं कहा जाता, जो एक भाषा, एक व्याकरण, एक मानक रूप के जरिये अब तक एक हजार से ज्यादा भाषाओं का संहार कर चुके हैं। क्या कारण है कि राजनीतिक क्षेत्र में तो फासीवाद के खिलाफ सचेत नागरिक, नागरिक संगठन, समूह और पॉलिटिकल पार्टियाँ अभियान चलाती हैं पर भाषायी फासीवाद पर कुछ नहीं बोलतीं? चुप्पी साधे रहती हैं? 2009 में 65 हजार साल पुरानी अंडमानी आदिवासी भाषा बोरो और 2010 में बो को बोलने वाला/वाली कोई नहीं बचा/बची। देश को कोई फर्क नहीं पड़ा।

आखिर कोई भाषिक समाज किसी दूसरी भाषा या भाषायी विविधता से डरता क्यों है? सहजीविता और सहअस्तित्व को नकारता क्यों है? समन्वय और साझेदारी की बजाय वह अपना वर्चस्व क्यों स्थापित करना चाहता है?—इन सारे सवालों का जवाब दक्षिणपंथी अपनी सोच से, वामपंथी अपने विचारों से और मध्यमार्गी अपने दर्शन से देते रहे हैं। इनमें से सबसे लोकप्रिय विचार वामपंथियों का है जिनके अनुसार शासक वर्ग अपने राजनीतिक-आर्थिक हितों को सुरक्षित रखने के लिए जनभाषा और जनसंस्कृति के खिलाफ एक ऐसी सत्ता भाषा और संस्कृति का निर्माण करता है जिससे वह उत्पादक शक्तियों और उत्पादन सम्बन्धों पर अपना नियंत्रण कायम रख सके। इसी वामपंथी विचार के अनुरूप ग्राम्शी से लेकर रामविलास शर्मा तक ने एक अखिल राष्ट्रीय भाषा के रूप में बोलियों के एकीकरण यानी खात्मे को सामाजिक-आर्थिक विकास के लिए अनिवार्य माना है। भारत के सन्दर्भ में तो रामविलास शर्मा ने हिन्दी को राष्ट्र की जातीय चेतना तक घोषित कर डाला है। देश की ऐतिहासिक प्रगति में बोलियों को बाधक मानते हुए उन्होंने कहा है : 'हिन्दुस्तान के लोग सामन्ती ढाँचा खत्म करके अपनी जातीय राज्यसत्ता कायम कर लेते, लेकिन तभी अंग्रेजों की दखलअंदाजी से उनकी ऐतिहासिक प्रगति में बाधा पड़ी।'[2] याद दिलाना चाहूँगी, यह वही ऐतिहासिक प्रगति है, जिसे सुनीति कुमार ने आर्यीकरण कहा है।

बोली या भाषा के इस देशव्यापी राजनीतिक और अकादमिक विमर्श में हर पक्षकार आदिवासियों को बिना सुने, बिना उनका पक्ष जाने खुद ही बोल रहा है—अपनी तरफ से भी और हम आदिवासियों की तरफ से भी। आदिवासियों के लिए यह बहुत त्रासद है कि उन्हें या तो उन्हीं में से किसी एक पक्ष को चुनना है या उनके निष्कर्षों को मान लेना है। भाषाओं के विमर्श में आदिवासी समुदाय का पक्ष क्या

है, इसमें न हॉर्वर्ड को दिलचस्पी है और न ही भारत के किसी विश्वविद्यालय को। आज तक देश की किसी भी यूनिवर्सिटी में आदिवासी कला, साहित्य और इतिहास नहीं पढ़ाया जाता है। दस साल से ज्यादा समय हो गया है संताली और बोड़ो को आठवीं अनुसूची में शामिल किए हुए, लेकिन इन आदिवासी भाषाओं के विभाग आज तक नहीं खुले हैं। जेएनयू, बीएचयू और विश्वभारती जैसे विश्वविद्यालय जिन्हें लोग ज्यादा जानते हैं, इनमें आदिवासी भाषा-साहित्य का विभाग नहीं है। सामान्य भाषा-साहित्य के पाठ्यक्रम में भी आदिवासी साहित्य को शामिल नहीं किया गया है।

हम अच्छी तरह से जानते हैं कि भाषाओं का अपना समाजशास्त्र है और कोई भी भाषा एक सामाजिक उत्पाद होती है। समाज के जीवन-मूल्यों और दर्शन से भाषा का आविष्कार और स्वरूप बनता है। समाज जैसा होगा, उसकी भाषा भी वैसी ही होगी। अगर समाज में हिंसा, लैंगिक भेद, जातीय और नस्लीय उत्पीड़न है तो यह भाषा में भी होगा। हिन्दी, बांग्ला, ओड़िया, तमिल भाषाओं और उनके व्याकरणों का समाजशास्त्रीय अध्ययन करने की जरूरत है, जिनका समूचा शब्दकोश नस्लीय, धार्मिक और लैंगिक पूर्वग्रहों से भरा पड़ा है। इसलिए अगर हम वाकई में बोलियों और पहचान के संकट के प्रति गम्भीर हैं तो सबसे पहले हमें संस्कृत जैसी क्लासिकल भाषा के व्याकरण और भाषा को सामन्ती संस्कारों से मुक्त करना होगा, ताकि हिन्दी-बांग्ला जैसी भाषाएँ लोकतांत्रिक स्वरूप ग्रहण कर सकें। नस्लीय, धार्मिक और लैंगिक पूर्वग्रहों वाली भाषा क्लासिकल नहीं हो सकती। क्लासिकल उन भाषाओं को माना जाना चाहिए जो सभी तरह के पूर्वग्रहों से मुक्त हों और सहअस्तित्व और सहजीविता के दर्शन की एडवोकेसी करती हों, जैसेकि आदिवासी भाषाएँ, जिनमें धर्म, लिंग, नस्ल, जाति सम्बन्धी अवधारणाएँ नहीं हैं। जिन आदिवासी भाषाओं में प्राकृतिक विभाजन को छोड़कर सामाजिक भेद नहीं हैं, जैसे—लड़का-लड़की का भेद, और मालिक-मजदूर जैसे शब्द मौजूद नहीं हैं, उसे अविकसित, अवैज्ञानिक और क्लासिकल नहीं मानना, आर्यीकरण के नस्लीय अभियान को बढ़ावा देना है।

हाँ, हम आदिवासी जंगली हैं, बर्बर हैं, पर हमारे जंगलीपन और बर्बरता से ही यह धरती और सृष्टि आज तक बची हुई है। विकसित माननेवाले सभ्यताओं को आदिवासियों के सन्दर्भ में जंगली और बर्बरता की अपनी पूर्वग्रही अवधारणा पर पुनर्विचार करना होगा। क्योंकि सभ्यताओं का इतिहास लूटपाट, हिंसा और युद्धों का है। विकास, जिसे हम आदिवासी हमला कहते हैं, ने धरती और सृष्टि को खत्म होने के कगार पर ला खड़ा किया है। सभ्यताओं का इतिहास रक्तपातों का है, जिसमें

कभी-कभार कोई बुद्ध पैदा होते हैं, जिन्हें महान सभ्यताएँ बहुत देर तक सहन नहीं कर पातीं। फिर भी सभ्यताएँ अपनी वासनाओं से पीछे हटने को तैयार नहीं हैं, जबकि आदिवासी ऐसी अमानवीय सोचों से बहुत पहले पीछे हट चुके हैं। हजारों साल पहले सृष्टि से होड़ लेते हुए हमारे आदिवासी पूर्वजों ने विश्व में सभ्यता का पहला केन्द्र स्थापित किया था—हड़प्पा-मोहनजोदड़ो नगर सभ्यता का। इतिहासकार बताते हैं, जो कभी किसी युद्ध में नहीं रहा, फिर भी वह नष्ट हुआ। किसी आक्रमण से नहीं बल्कि सृष्टि को गुलाम बनाने के दम्भ से नष्ट हुआ। मोहनजोदड़ो ने सृष्टि के अनुशासन को चुनौती दी और वह खत्म हो गया। तब आदिवासी पुरखों ने इसे समझा। आदिवासी सृष्टि-प्रकृति आराधक क्यों हैं, यह मूल दार्शनिक आधार उसी मोहनजोदड़ो के सबक से उपजा है।

इसलिए इनसानियत के इस बुनियादी सवाल और कार्यभार को संकट मानना भूल होगी। इसे हमें हमले के रूप में लेना होगा। आर्यीकरण सभ्यता का वही प्राचीन दंभ और हमला है। जल, जंगल, जमीन पर हमला है। भाषा-संस्कृति पर हमला है। व्यापक तौर पर पूरी समष्टि और सृष्टि पर हमला है। वैदिक और औपनिवेशिक काल से हमला है। आर्यीकरण का यह हमला नेहरू और मोदी की सत्ता तक निरन्तर जारी है। बाबा तिलका, सिदो-कान्हू, फूलो-झानो, तेलंगा खड़िया और बिरसा व माकी मुंडा जैसे हमारे लड़ाके पुरखों का इतिहास और आज का आदिवासी संघर्ष हमले के खिलाफ युद्ध नहीं है तो क्या है? और सृष्टि के रचाव-बचाव का यह युद्ध सिर्फ आदिवासियों का नहीं है। धरती के सभी नागरिक समाजों का है।

सन्दर्भ

1. सुनीति कुमार चटर्जी : भारत की भाषाएँ और भाषा सम्बन्धी समस्याएँ, मुंडा लोक-कथाएँ, पृ. 33
2. रामविलास शर्मा : भारत की भाषा समस्या, राजकमल प्रकाशन, दिल्ली, तीसरा संस्करण, 1989, पृ. 358

आदिवासी पत्रकारिता और आदिवासी साहित्य

इस देश के साहित्यिक इतिहास में, साहित्यिक पत्रकारिता के इतिहास में आज का दिन ऐतिहासिक है। इस ऐतिहासिक दिन को देने के लिए हम अपने आदिवासी पूर्वजों, पुरखों और शहीद आदिवासी लड़ाकों को धन्यवाद देते हैं। हम आभार प्रकट करते हैं उस सृष्टि के प्रति जिसने हमें 'होड़' यानी इनसान का जीवन दिया। आज से ढाई सौ साल से भी पहले 11 फरवरी, 1750 को हमारे पुरखा लड़ाका जबरा पहाड़िया उर्फ तिलका माँझी का जन्म हुआ था। गुलाम भारत में अंग्रेजों से पहली लड़ाई उन्होंने ही लड़ी थी। झारखंड के राजमहल की पहाड़ियों पर, जंगल की तराई में। हम सभी देशवासियों को जानना चाहिए कि जबरा पहाड़िया उर्फ तिलका माँझी इस देश के स्पार्टाकस हैं। सबसे पहले आदिविद्रोही। भारतीय इतिहासकारों ने इतिहास में और साहित्यकारों ने साहित्य में, आदिविद्रोही बाबा तिलका के बारे में कुछ नहीं लिखा। क्यों? क्योंकि वे एक आदिवासी हैं। आदिवासियों में भी आदिम आदिवासी—पहाड़िया। उनके जन्मदिन पर 'आदिवासी साहित्य' का लोकार्पण का अर्थ है, इतिहास की संगति और चेतना से आदिवासी अभिव्यक्ति के एक नये दौर का आगाज। साहित्य में आदिवासी दर्शन यानी आदिवासियत की नई धमक।

आज का दिन इसलिए भी ऐतिहासिक है कि स्वतंत्र भारत में राष्ट्रीय स्तर पर पहली बार आदिवासी समाज अपनी बात कहने के लिए कोई पत्रिका लोकार्पित कर रहा है। हम आदिवासी जो इस भारतीय भू-भाग के फर्स्टपीपल हैं, आजादी के सातवें दशक में 'आदिवासी साहित्य' के प्रकाशन से अपने लिए एक अखिल भारतीय मंच बनाने की शुरुआत कर पा रहे हैं—एक ऐसा साहित्यिक मंच जिसके अगुआ, लेखक, सम्पादक, प्रकाशक, वितरक—हम आदिवासी स्वयं हैं। हम शुक्रगुजार हैं उन तमाम लोगों के जो कभी-कभार हम पर विशेषांक निकालते हैं,

गाहे-बगाहे हमारी रचनाओं को अपनी पत्र-पत्रिकाओं में, साहित्यिक मंचों पर जगह देते हैं। पर 'आदिवासी साहित्य' हम आदिवासियों की पहली स्वतंत्र पहल है। हम चाहेंगे कि इस आदिवासी पहल को भारतीय साहित्यिक जगत और गैर-आदिवासी बौद्धिक समाज अपना रचनात्मक समर्थन दे, जिससे भारतीय साहित्य समृद्ध हो और सच्चे अर्थों में उसका लोकतांत्रिक विस्तार हो।

कोई भी प्रयास अचानक नहीं होता। हर गतिविधि और प्रयास के पीछे एक पृष्ठभूमि होती है। उसका एक इतिहास होता है। 'आदिवासी साहित्य' के प्रकाशन का भी एक इतिहास है। उस इतिहास की निरन्तरता में ही 2015 में हुए इस प्रयास को देखने की जरूरत है।

आदिवासी पत्रकारिता का इतिहास

देश की पहली साहित्यिक आदिवासी पत्रिका करीब 87 साल पहले निकली थी, जिसका सम्पादक और प्रकाशक मुंडा समुदाय की एक आदिवासी महिला थी। 1928 में प्रकाशित वह आदिवासी पत्रिका हिन्दी भाषा में निकाली गई थी और विशुद्ध रूप से साहित्य की पत्रिका थी। हिन्दी साहित्य के इतिहासकारों ने उसकी अनदेखी की। उस पत्रिका के ग्राहक-पाठक गांधी जी भी थे। उस सम्पादक-प्रकाशक आदिवासी महिला का नाम है सुशीला सामद।

सुशीला सामद चाईबासा, झारखंड से पत्रिका निकालती थी, कविताएँ लिखती थी और स्वतंत्रता संग्राम के संघर्ष में महिला मोर्चे पर वह नेतृत्वकारी भूमिका में थी। वह 12 मार्च, 1930 को शुरू हुई नमक सत्याग्रह (डांडी मार्च) में झारखंड के आदिवासी महिलाओं के साथ थी। खरसावां गोलीकांड 1 जनवरी, 1948 को वह घायल आन्दोलनकारियों के उपचार में लगी थी। कविता लिखनेवाली वह आदिवासी औरत स्वतंत्रता संग्राम में अपने डेढ़ साल के बच्चे को छोड़कर शामिल हुई थी। उसने कविताएँ लिखीं हिन्दी में भी और अपनी आदिवासी मातृभाषा में भी। उसके दो काव्य संग्रहों की जानकारी अब तक मिली है जिसमें से एक का प्रकाशन 1934 में और दूसरे का 1948 में हुआ था। 1934 में सुशीला के काव्य संकलन की भूमिका 'सरस्वती' के तत्कालीन सम्पादक देवीदत्त शुक्ल ने लिखी थी जबकि 1948 में प्रकाशित उसके दूसरे काव्य संग्रह की भूमिका के लेखक थे आचार्य नलिन विलोचन शर्मा। अफसोस है, हिन्दी साहित्य ने इस महत्त्वपूर्ण ऐतिहासिक तथ्य की सुधि नहीं ली। देश की इस पहली आदिवासी महिला कवयित्री

और सम्पादक-प्रकाशक का नाम भारत के हिन्दी साहित्य के इतिहास से मठाधीशों ने फाड़कर फेंक दिया। इसलिए कि आदिवासी लोग हिन्दी के आरम्भिक काल से ही लिख रहे थे, इस सचाई को वे दबाना चाहते थे। वे महिलाओं को साहित्य लेखन का श्रेय देने को तैयार नहीं थे। इस दृष्टि से हिन्दी और भारतीय साहित्य का समूचा इतिहास-लेखन आधी-अधूरी, नस्लीय, सामन्ती और लैंगिक भेदभाव से भरा है।

आदिवासी साहित्य और पत्रकारिता के इतिहास में दूसरा महत्त्वपूर्ण प्रकाशन है 'आदिवासी सकम'। इसका प्रकाशन जमशेदपुर से जयपाल सिंह मुंडा ने किया था। 'सकम' मुंडारी भाषा का शब्द है और इसका अर्थ होता है—पत्ता, अर्थात् पत्र। 'आदिवासी सकम' पत्रिका का पहला अंक 6 जुलाई, 1940 को प्रकाशित हुआ था और इसमें हिन्दी, मुंडारी, नागपुरी व अंग्रेजी में रचनाएँ छपती थीं। भारतीय साहित्य और पत्रकारिता के इतिहास में 'आदिवासी सकम' की वही भूमिका और महत्त्व है जो अजीमुल्ला खाँ द्वारा 8 फरवरी, 1857 को दिल्ली से प्रकाशित 'पयामे आजादी', 1895 में मेघालय से 'खासी' आदिवासी भाषा में प्रकाशित 'यू खासी माइंता' यानी 'समकालीन खासी', इलाहाबाद से 1900 में शुरू हुई 'सरस्वती', 1903 में उत्तर-पूर्व की 'खासी' आदिवासी पत्रिका 'यू नोङफिरा' यानी 'पहरेदार', 1906 में प्रकाशित बांगला का 'युगांतर'; 26 फरवरी, 1917 को मद्रास से अंग्रेजी में प्रकाशित 'जस्टिस', 1922 की 'चाँद' या 1924 में पेरियार द्वारा शुरू की गई 'कुडी अरासु' यानी 'गणतंत्र' का है।

19वीं सदी के अन्तिम दशक में शुरू हुई आदिवासी पत्रकारिता और साहित्य की यह परम्परा एक विकासमान परम्परा है। इस परम्परा में आजादी के बाद के दिनों में अनेक पत्र-पत्रिकाएँ निकलीं। यहाँ उन सबका विवरण नहीं देते हुए सिर्फ उन समकालीन पत्र-पत्रिकाओं का उल्लेख करूँगी जो वर्तमान में हिन्दी में प्रकाशित हो रही हैं। इनमें 2004 से शुरू हुई 'झारखंडी भाषा साहित्य-संस्कृति अखड़ा', राजस्थान से निकल रही 'अरावली उद्घोष' और दिल्ली से प्रकाशित 'दलित आदिवासी दुनिया' व मध्य प्रदेश से प्रकाशित 'आदिवासी सत्ता' प्रमुख हैं। इन समकालीन प्रकाशनों में साहित्यिक दृष्टि से 'झारखंडी भाषा साहित्य-संस्कृति अखड़ा' और 'अरावली उद्घोष' सर्वोपरि हैं। हालाँकि हिन्दी की अपेक्षा आदिवासी भाषाओं में निकलने वाली पत्र-पत्रिकाओं की सूची बहुत बड़ी है। परन्तु भारत के आदिवासी साहित्यिक पत्रकारिता के इतिहास में झारखंड की 'आदिवासी सकम' और मेघालय की 'यू खासी माइंता' पत्रिकाओं का महत्त्व ऐतिहासिक है

जिसने आदिवासी दर्शन, साहित्य और समाज को तो बखूबी रेखांकित किया ही, आदिवासियों के ब्रिटिश और आन्तरिक उपनिवेश विरोधी सांस्कृतिक स्वर को कलात्मक अभिव्यक्ति भी दी। आदिवासी साहित्य और पत्रकारिता का यह भारतीय पक्ष सामने आया, इसके लिए जेएनयू जैसे अकादमिक संस्थानों और इससे जुड़े बौद्धिकों को सम्बन्धित विषय पर शोध परियोजनाओं की पहल करनी चाहिए। सामाजिक विज्ञान के छात्र-छात्राओं और शोधार्थियों को यह जिम्मेदारी लेनी ही चाहिए ताकि आदिवासी साहित्य और पत्रकारिता का बहुभाषिक इतिहास सामने आए और हमारा देश-समाज उसे संज्ञान में ले।

हमारे विचार से आज यहाँ लोकार्पित हो रही 'आदिवासी साहित्य' पत्रिका की यही वह ऐतिहासिक पृष्ठभूमि और विरासत है, जिसको 21वीं सदी की युवा आदिवासी पीढ़ी निरन्तरता देने जा रही है। जो इसके प्रकाशन, सम्पादन और लेखन का सामूहिक हिस्सा हैं—चाहे वे यहाँ हमारे साथ में इस हॉल में बैठे हैं या भारत के उत्तर-पूर्व से लेकर देश के अन्य हिस्सों में रह रहे हैं—हम विशेष रूप से उत्तर-पूर्व की ख्यात लेखिका पद्मश्री तेमसुला आओ, झारखंड की बहुचर्चित साहित्यकार डॉ. रोज केरकेट्टा व वाल्टर भेंगरा 'तरुण' और महाराष्ट्र के गोंड विद्वान डॉ. मोतीरावण कंगाली को इस अवसर पर याद करेंगे। उन्होंने परामर्श मंडल में रहना तो स्वीकार किया ही, पत्रिका को अपने अनुभवों और आदिवासियत के दर्शन से अगुवाई करने की जिम्मेदारी भी सहर्ष ली है, जैसाकि आदिवासी समाज में होता है। पत्रिका की सम्पादकीय टीम युवा है और जो भारत के समस्त आदिवासी क्षेत्रों का प्रतिनिधित्व करती है, हम उनके प्रति भी आभारी हैं कि उन्होंने अपने अथक श्रम से राष्ट्रीय पटल पर एक आदिवासी पत्रिका की दमदार उपस्थिति को साकार कर इसके प्रकाशन को एक ऐतिहासिक परिघटना बना दिया।

आदिवासी साहित्य के समक्ष चुनौतियाँ

अन्त में मैं परिचर्चा का जो विषय है—आदिवासी साहित्य के समक्ष चुनौतियाँ—इस पर बहुत थोड़े में कुछ बात रखूँगी। यह विषय बहुत गम्भीर है। आज का आदिवासी समाज मुख्य रूप से, पहला आर्थिक और दूसरा सांस्कृतिक, इन दो स्तरों पर गैर-आदिवासी सत्ता-व्यवस्था से रचने-बचने की लड़ाई लड़ रहा है। आर्थिक चुनौतियों में जमीन और अन्य प्राकृतिक संसाधनों की लूट और बेदखली का सवाल सबसे प्रमुख है। आप सब जानते ही हैं, सरकार ने जमीन लूटने के लिए नया विधेयक

पारित कर दिया है। वैसे सिर्फ कहने को ही यह नया विधेयक है। औपनिवेशिक काल से ही राष्ट्र और विकास हित में जमीन ले लेने के अनेक कानून हैं, जिनके सहारे आदिवासियों की जमीन, जंगल, नदियाँ और पहाड़ छीने जाते रहे हैं।

दूसरी चुनौती सांस्कृतिक है और यह आर्थिक से कहीं ज्यादा घातक और संहारक है। संस्कृति और दर्शन का मसला इसलिए भी आर्थिक पक्ष से अधिक संवेदनशील है क्योंकि यह किसी एक विकासीय परियोजना के लिए जमीन और जंगल से आदिवासी समुदायों को विस्थापित नहीं करता बल्कि हर दिन और हर पल आदिवासियों का संहार करता रहता है—चाहे वे ग्रामीण इलाकों में रह रहे हों या फिर शहरों में। खून, मांस के लोथड़ों, जले हुए घरों और बस्तियों की तरह सांस्कृतिक संहार नहीं दिखता। सांस्कृतिक लूटपाट और संहार दिखता है दर्शन, इतिहास, साहित्य, कला, विज्ञान, जीवन-शैली, रोजगार और शिक्षा के क्षेत्रों में। हर पल मारी जा रही आदिवासी भाषाओं में। हर दिन हो रहे सामाजिक-राजनीतिक भेदभाव और नस्लीय व धार्मिक उत्पीड़नों में। उन मुहावरों, लोकोक्तियों और साहित्य में, फिल्मों और अन्य कला-रूपों में, जहाँ आज भी आदिवासी बर्बर, जंगली, असभ्य 'राक्षस' है। असुर है।

आर्थिक-राजनीतिक चुनौतियों के खिलाफ संघर्ष सबसे पुराना है। जैसाकि मैंने शुरुआत में ही जिक्र किया, ढाई सौ साल की लम्बी परम्परा है। जबरा पहाड़िया उर्फ तिलका माँझी से लेकर बिरसा मुंडा और आज के भूमि अधिग्रहण विधेयक विरोधी संघर्ष तक। मतलब जमीन को बचाने की जमीनी लड़ाई इतिहास के किसी भी दौर की तरह आज भी तीखी और तेज है। लेकिन सांस्कृतिक सृजन और संघर्ष के मोर्चे पर जो दायित्व हमारे पढ़े-लिखे बौद्धिक आदिवासी समाज को लेना था, उसमें एक किस्म की उदासीनता की प्रवृत्ति हमें साफ तौर पर दिखाई देती है। जो पढ़े-लिखे लोग इस दिशा में थोड़ा-बहुत सक्रिय भी हैं तो उनमें से अधिकांश मध्यवर्गीय शहरी मानसिकता के शिकार हैं। ऐसे लोग आदिवासियत के मूल सहजीवी दर्शन को नकार कर सिर्फ आरक्षण और राजनीतिक सत्ता के लिए, साहित्यिक पुरस्कारों और अकादमियों में जगह पाने के लिए गैर-आदिवासी भाषा और साहित्यिक मुहावरों व मानदंडों का इस्तेमाल कर रहे हैं। अपने व्यक्तिगत लाभ के लिए वे उन्हीं स्टीरियोटाइप प्रतीकों को अपनी लेखनी से बढ़ावा दे रहे हैं, जिनमें आदिवासियों को गरीब, भूखा-नंगा, लाचार, वंचित, शोषित और हाशिए का समाज बताया जाता रहा है। गैर-आदिवासी साहित्यकारों द्वारा आदिवासियों पर रचित समूचा साहित्य इसकी बानगी है।

तो हमारा खयाल है कि समकालीन आदिवासी साहित्यकारों के समक्ष सबसे बड़ी चुनौती सांस्कृतिक चुनौती ही है यानी जमीनी संघर्षों के साथ साहित्य की एकता स्थापित करना, अपने साहित्य-सृजन में आदिवासियत के दर्शन के साथ उसे प्रमुखता से रचना, आर्य-अनार्य के ऐतिहासिक दार्शनिक और सांस्कृतिक द्वंद्व में आदिवासी दर्शन के पक्ष को पूरे विश्वास और दृढ़ता प्रस्तुत करना, उन तमाम गैर-आदिवासी सांस्कृतिक मिथकों, साहित्यिक प्रतीकों, मुहावरों, व्याकरणों और शब्दावलियों को छिनगाना—ये सांस्कृतिक संहार के हथियार हैं।

विश्वास है, 'आदिवासी साहित्य' के प्रकाशक-सम्पादक और देश के आदिवासी लेखक इस चुनौती को पूरी सृजनशीलता के साथ स्वीकार करेंगे। साथ ही इस प्रयास में समाज के वैसे लोग भी सहयोगी बनेंगे जो भारत के साहित्य और समाज को लोकतांत्रिक बनाने के लिए रचने-बचने की लड़ाई कर रहे हैं। क्योंकि 'आदिवासी साहित्य' का प्रकाशन एक ऐसे समय में शुरू हुआ है जब देश में नस्लवादी शक्तियाँ हावी हैं और आदिवासी, दलित, अल्पसंख्यक व स्त्री ही नहीं बल्कि समाज के हर तबके की नागरिक-स्वायत्तता, आजीविका और संस्कृति 'एक धर्म', 'एक संस्कृति', 'एक भाषा', 'एक राष्ट्र' के वर्चस्ववादी हमले में घिरती जा रही हैं।

अनुवाद की राजनीति और आदिवासी साहित्य

यदि लेखन तकनीकी जादू है तो वाचिक कलाएँ
उससे भी ज्यादा जादुई हैं।

[एक अफ्रीकी आदिवासी कहावत]

ऑरेचर (वाचिक साहित्य) का ट्रांसलेशन अन्तरभाषायी संवाद की दृष्टि से एक बेहद संजीदा विषय है। अंग्रेजी लिटरेचर में अन्तरभाषायी अनुवाद का मुद्दा साहित्य और सामाजिक विज्ञान के क्षेत्र में बहस के मुख्य केन्द्र में है। हिन्दी में अनुवाद की बजाय तुलनात्मकता पर जोर है। एक तरह से यह हिन्दी के फ्यूडल नेचर के अनुकूल ही है। क्योंकि तुलनात्मक अथवा कम्पैरेटिव स्टडी में किसी को बड़ा और किसी को छोटा स्थापित करने में सहूलियत रहती है। इसी कम्पैरेटिवनेस के कारण शेक्सपियर भारतेंदु से, भारतेंदु संताली आदिवासी नाटककार रघुनाथ मुर्मू और दलित रंगकर्मी भिखारी ठाकुर से, तो रवीन्द्रनाथ टैगोर और प्रेमचन्द किसी आदिवासी या दलित लेखक से महान बना दिये जाते हैं। कालिदास तो अद्वितीय हैं ही। इसी तरह से संस्कृत भाषा तुलनात्मक रूप से श्रेष्ठतम 'देव' और वैज्ञानिक भाषा है। लिटरेचर का भी पूरा डिस्कोर्स वेद-पुराणों से शुरू होता है और उसी पर खत्म भी हो जाता है। लेकिन अंग्रेजी लैंग्वेज और लिटरेचर का दिल थोड़ा बड़ा है, क्योंकि वह 'फ्यूडल' नहीं, 'लॉर्ड' है। और हम जानते हैं कि सामन्त से लॉर्ड बनने के लिए उसने क्या-क्या नहीं किया है।

वाल्टर बेंजामिन कहते हैं, अनुवाद एक विधा है। इस विधा को समझने के लिए मूल भाषा के 'अनुवादपन' में जाना होगा, जिसके नियमों से अनुवाद की विधा बँधी होती है। ऐसा कहते हुए बेंजामिन मानते हैं कि हर बेहतरीन काम में अनुवाद

होने की क्षमता अन्तरर्निहित रहती है लेकिन इसका अर्थ यह नहीं है कि सबकुछ अनुवाद के लिए तैयार है। वे इस बात पर जोर देते हैं कि अच्छा अनुवादक वही है जो दो पंक्तियों के बीच के आशय को अच्छी तरह से समझ पाता है। मतलब, जो नहीं लिखा गया है, लिखित शब्दों की आत्मा उसी अदृश्य संसार में है, तो वह कौन-सा अदृश्य संसार है जो लिखित शब्दों और पंक्तियों के बीच जीवंतता के साथ प्रवाहित है? वह है उस भाषा को शब्दों में रूप देनेवाला समाज, उसका विश्वास, उसकी परम्पराएँ, उसका ज्ञान और इतिहास-बोध, उसकी संस्कृति। समग्र रूप में उसका सौन्दर्यबोध यानी जीवन, प्रकृति और समूची समष्टि को देखने का नजरिया, उसका विश्वदर्शन।

हम झारखंड के आदिवासी अपनी भाषाओं के अतिरिक्त दो तरह से संवाद लेने-देने का तरीका अपनाते रहे हैं। जैसे पहले नगरीय समाज चिट्ठी से और अब सबसे लेटेस्ट तकनीक मोबाइल से करता है। बड़े इलाके में संवाद के लिए पेड़ के पत्ते भेजे जाते थे—किसी खास पेड़ के पत्ते। आस्ट्रो एशियाटिक लैंग्वेज में जिसे हम 'सकम' कहते हैं। यह तरीका अब उपयोग में नहीं है। 1855 के हूल और 1900 में हुए उलगुलान में 'सकम' के जरिये ही लोगों को सूचनाएँ दी गई थीं। दूसरा तरीका जो इससे भी पुराना है, वह है संगीत का। ढोल, नगाड़ा, और डुगडुगी बजाकर एक विशेष संगीत से लोगों को हमारे पुरखे सूचित करते थे। सूचना पहुँचाने का यह तरीका एक खास भौगोलिक परिधि में ही कारगर होता है। आदिवासी इस तरीके को अब भी काम में ले रहे हैं क्योंकि देश के बड़े आदिवासी भू-भाग में आज भी संचार माध्यमों की पहुँच नहीं बन पाई है। स्कूलों की पहुँच इस दृष्टि से ज्यादा है और कहा जाए तो प्राथमिक स्कूल ही भारतीय शासक वर्ग का प्रमुख सूचना व संचार केन्द्र है। इसके दो बड़े उदाहरण हैं। जनगणना और चुनाव, जो स्कूल और उनके शिक्षकों के अभाव में इस देश में बिलकुल नहीं हो सकते। इस स्कूलिंग सिस्टम ने ट्रांसलेशन की बजाय आदिवासी और देशज भाषाओं के 'ट्रांस-एलिएनेशन' में निर्णायक भूमिका निभायी है।

आदिवासी भाषाओं के ट्रांसलेशन से ट्रांस-एलिएनेशन की इस प्रक्रिया को उन मिथ्या अवधारणाओं से अच्छी तरह से समझा जा सकता है, जिसे सो कॉल्ड डेवलप और कल्चर्ड सोसायटी और नेशन ने 15वीं सदी के बाद अलिखित भाषाओं वाले समाज पर जबरन लाद दिया है। आदिवासी भाषाओं के ऑरेचर को, जिसमें कि उनकी सारी ज्ञान-परम्परा फ्लो कर रही थी, मिटाने के लिए तीन चीजों को हथियार बनाया—लिपि, लेखन और स्कूलिंग। इनके जरिये नगरीय

समाज ने आदिवासी वर्ल्डव्यू और विजडम के खिलाफ पहले घृणा फैलाई, फिर लूटा और धीरे-धीरे स्कूलों को आदिवासी भाषा-संस्कृति और ज्ञान-विज्ञान के स्टेट स्पांसर्ड, कंट्रोल्ड और संवैधानिक कब्रगाह में परिवर्तित कर दिया, जैसाकि उन्होंने डैम और कल-कारखाने बनाकर हमारे आर्थिक जीवन को विकास की कब्रगाह में बदला।

लिपि, लेखन और स्कूलिंग—इन तीनों का सीधा सम्बन्ध भाषा और भाषा में संरक्षित व प्रवाहित वर्ल्डव्यू से है। हमारे सौन्दर्यबोध और विश्व-दृष्टिकोण से है। इसलिए किसी भी भाषा का ट्रांसलेशन सिर्फ भाषा-ज्ञान के अधिकार से सम्भव नहीं है—विशेष कर आदिवासी भाषाओं का। क्योंकि यहाँ वर्ल्डव्यू ही दूसरा है। इसे गैर-आदिवासी वर्ल्डव्यू के कुछ धारणाओं और उदाहरणों से समझना ज्यादा आसान होगा। जैसे भाषा क्या है? इसका जवाब है :

भाषा वही है जो लिखित है।
भाषा वही है जिसका व्याकरण है।
भाषा वही है जिसकी अपनी लिपि है।
स्कूलिंग यानी साक्षरता सामाजिक प्रगतिशीलता की मशाल है।

इन्हीं मिथ्या अवधारणाओं के चलते आदिवासी समुदायों और दुनिया के उत्पीड़ित समाजों को 'वॉइसलेस' कहा जाता है। आश्चर्य नहीं कि आदिवासी भाषाओं के हमदर्द बने लोग भी यह कहने से नहीं चूकते कि 'गिविंग ए वॉइस टू द वॉइसलेस'। मतलब वे भी यह मानकर कि आदिवासियों के पास भाषा नहीं है, फिर भी उनके भाषा-साहित्य का मसीहा बनने को तत्पर होते हैं। यह वैदिक और औपनिवेशिक धारणा है जिसे संस्कृत के व्याकरणों, कॉलोनियल मिशनरियों व प्रशासकों और आज के भारतीय भाषा-साहित्य के काम में बखूबी देखा जा सकता है।

मुंडा ऑरेचर में एक कहानी है। यह कहानी बताती है कि कैसे धोखे और षड्यंत्र से 64 ईसवी में आदिवासी क्षेत्र को नागवंश ने हथिया लिया था। कहानी के अनुसार, एक राजपूत जनमजेय के नाग-यज्ञ के भय से आदिवासियों के इलाके में अंडरग्राउंड हो गया। अंडरग्राउंड पीरियड में ही उसने अपने प्रेमजाल में इलाके के आदिवासी गण-प्रमुख की लड़की को फँसाया, फिर आगे चलकर उससे उत्पन्न बेटे को अपने दोस्त या मंत्री के सहयोग से उत्तराधिकारी बनाने में सफल हुआ। झारखंड के आदिवासी क्षेत्र में सन् '64 में राजवंश की स्थापना करनेवाला वह पहला व्यक्ति फणिमुकुट राय था।

इस मुंडा ऑरेचर के दो संस्करण प्रचलित हैं। एक वर्जन ईसाई मिशनरियों का है तो दूसरा अनुवाद एक हिन्दूवादी लोकसाहित्य प्रेमी का है जो यूपी से आजीविका की तलाश में झारखंड आया था। ईसाई मिशनरियों के अनुवाद में कथा में वर्णित राजपूत का सलाहकार पात्र एक पादरी है तो हिन्दूवादी लोक-साहित्य-प्रेमी के अनुवाद में वह ब्राह्मण हो जाता है। स्पष्ट है, अनुवाद में दोनों ने ही अपने वर्ल्डव्यू को प्राथमिकता दी। फलतः एक ही चरित्र का नस्ल और धर्म अनुवाद के दो वर्जनों में दो तरह से है।

इसी तरह से मुंडा लोक-साहित्य के संकलक और अध्येता उक्त ब्राह्मण विद्वान ने मुंडारी ऑरेचर के गीतों और कहानियों में अनुवाद के जरिये ढेर सारे ब्राह्मनिकल शब्द घुसेड़ कर अर्थ का अनर्थ कर दिया है। भगवान, देवी-देवता, स्वर्ग-नरक, ब्राह्मण, राजा, राजकुमार, कुमारी कन्या, लालच, ईर्ष्या, बेईमानी, कर्ज आदि गैर-आदिवासी संस्कृति के शब्दों का धड़ल्ले से अनुवादों में लोग इस्तेमाल करते हैं। 'भिक्षा' और 'दान', 'धनी' और 'निर्धन', 'मालिक' और 'नौकर' के लिए भी आदिवासी भाषाओं में कोई शब्द नहीं है। चोरी, अपराध और सजा जैसे शब्द नहीं हैं तो 'जेल' और 'कारागृह' की भी कोई शाब्दिक संकल्पना नहीं है। जेंडर-भेद का बोध देनेवाले शब्द और संज्ञाएँ आदिवासियों की भाषायी अभिव्यक्ति में हैं ही नहीं।

बेशक इनसानी प्रयोजन, अनुभव व ज्ञान के साझेदारी का सबसे महत्त्वपूर्ण माध्यम भाषा है। चित्र, नृत्य, गीत, संगीत, संकेत, इशारे, कथा, मिथक और ध्वनियाँ—सभी प्रकारांतर से साझेदारी की दूसरी प्रमुख अभिव्यक्तियाँ हैं। परन्तु इनमें सर्वाधिक परिष्कृत और सम्प्रेषणीय रूप है वह भाषा, जिसे हम बोलते हैं। भाषा का आविष्कार और उसका परिमार्जन एक सतत सामूहिक व सामाजिक प्रक्रिया है। भाषाएँ परम्पराओं का सबसे प्रामाणिक दस्तावेजीकरण हैं। सहज और बेहद सरल। इसीलिए गैर-आदिवासी विश्व और उसकी शासन-व्यवस्था पहला सुनियोजित प्रहार भाषाओं पर ही करती है, ताकि समुदाय विशेष की परम्पराओं को कुंद और नष्ट किया जा सके। ऐतिहासिक चेतना और ज्ञान की परम्परा भाषा के जरिये सक्रिय रहती है। इसी वजह से भाषा का खात्मा जरूरी होता है। आजीविका, पद-प्रतिष्ठा नहीं देनेवाली निष्क्रिय एवं अकर्मण्य भाषा के रूप में उसे लगातार टारगेट किया जाता है। अनुपयोगी और अप्रासंगिक बताते हुए उसे मृत भी घोषित कर दिया जाता है, जबकि 'भाषाएँ न तो कभी बूढ़ी होती हैं और न मरती हैं। भाषाओं के संहार में स्कूलिंग एनकाउंटर स्पेशलिस्ट की भूमिका अदा करती है,

क्योंकि चेतना को परम्परा के विश्व-दृष्टिकोण से लैस बनानेवाली भाषा शासक वर्ग के लिए सिर्फ अनुपयोगी ही नहीं, खतरनाक भी होती है।

सारत: आदिवासी भाषाओं में निहित आदिवासी विश्व-दृष्टिकोण की उपेक्षा भाषा की अज्ञानता से अधिक दो संस्कृतियों के ऐतिहासिक द्वंद्व का मसला है। इसे समझे और आत्मसात किये बिना अनुवाद तो क्या, अन्तरभाषायी संवाद भी सम्भव नहीं है। और इसकी पहल गैर-आदिवासी विश्व को ही करनी है। क्योंकि आदिवासी तो स्वभाव से ही बहुभाषायी और बहुसांस्कृतिक है। एक निरक्षर आदिवासी कम-से-कम तीन भाषाएँ जानता है : अपनी मातृभाषा, क्षेत्र की सम्पर्क भाषा, जैसे—नागपुरी या छत्तीसगढ़िया और राज्य की प्रमुख भाषा, जैसे—मणिपुरी, ओड़िया, बांग्ला या मलयालम। जबकि साक्षर आदिवासी पाँच भाषाओं का जानकार होता है : मातृभाषा, क्षेत्र की सम्पर्क भाषा, राज्य की प्रमुख भाषा, देश की मुख्य सम्पर्क भाषा हिन्दी और अन्तरराष्ट्रीय सम्पर्क की भाषा अंग्रेजी।

ग्लोबलाइजेशन और आदिवासी साहित्य

सबसे पहले मैं संताल परगना के सभी पुरखों को हूल जोहार कहती हूँ और आप सभी को, जो संताली साहित्य सम्मेलन 'जगवार-3' में यहाँ उपस्थित हैं, झारखंडी भाषा साहित्य-संस्कृति अखड़ा की ओर से हार्दिक स्वागत करती हूँ। जगवार के आयोजकों के प्रति आभार प्रकट करती हूँ जिन्होंने बाबा तिलका, फुलो-झानो और सिदो-कान्हू की पुरखा धरती पर आयोजित इस साहित्यिक सम्मेलन में हमको शामिल होने का अवसर दिया।

साथियो, जगवार-3 की थीम है बदलती हुई दुनिया में संताली साहित्य और समाज। यह बहुत ही गम्भीर और व्यापक विषय है, जो एक जटिल समाज-व्यवस्था वाली दुनिया में संताली समाज और साहित्य के गम्भीर अध्ययन की माँग करती है। संताली साहित्य से हमारा बहुत कम परिचय है। लेकिन हमारी समझ कहती है कि संताली समाज और साहित्य अगुआ भूमिका रखने के बावजूद आदिवासी भाषा-साहित्य की मूल जमीन से अलग नहीं है बल्कि इसका ही एक अनिवार्य हिस्सा है। इसलिए मैं संताली साहित्य को जितना जानती हूँ, उसका थोड़ा-बहुत सन्दर्भ देते हुए अपनी बात को आदिवासी साहित्य और समाज पर केन्द्रित रखूँगी।

हम जिस पुरखा धरती पर रहते हैं और आज यहाँ जुटे हैं, यह वही माटी है, जिसे सबसे पहले सिङबोङा ने सिरजा था; जिसे संताली परम्परा में आप लोग 'ठाकुर जिउ' और हम खड़िया लोग 'पोनोमोसोर' कहते हैं। सृष्टि के रचनाकार से मिली हुई इस धरती को हमारे आदिपुरखे पिलचु बूढ़ी और पिलचु हाड़ाम ने लीप-पोतकर, टोला-हातु बसाकर और खेत-बारी बनाकर हम सबको सौंपा। उन्होंने हमें भाषा दी, संगीत दिया और नाचने-गाने की कला दी। पुरखों ने हमको एक ऐसी सामाजिक और आर्थिक व्यवस्था दी जिसमें कोई होड़ दूसरे होड़ पर शासन

नहीं करता है, न ही उसको अपने से ऊँचा या नीचा समझता है, और न ही वह आदमी, औरत या किसी जीव-जन्तु में किसी तरह का भी भेद करता है। हमारे पुरखों ने हमको सिखाया कि प्रकृति के अनुशासन में रहते हुए हम कैसे स्वशासित और एकजुट रह सकते हैं। उन्होंने हमको सृष्टि और प्रकृति का अनुयायी बने रहने की सीख दी। इसीलिए हम आदिवासी समाज मरङ बुरु और जोहार के प्रति श्रद्धा रखते हैं। क्योंकि जल, जंगल, जमीन से ही होड़ लोगों का अस्तित्व है। हमारे लिए स्वतंत्रता का मतलब सिर्फ मनुष्यों की स्वतंत्रता नहीं है। आदिवासी स्वतंत्रता की परिभाषा में इस पृथ्वी का समूचा पर्यावरण, परिवेश और जीव-जगत आता है। सहजीविता और सामूहिकता का, प्रकृति के रचाव-बचाव का यह जो पुरखा दर्शन है, यही होड़ समाज का जीवन-दर्शन है, जीने की प्रणाली है। खराब से खराब परिस्थितियों में भी मुस्कुराते और नाचते-गाते हुए आनन्दपूर्वक जीवन जीने की कला है, जिसे मरङ गोमके जयपाल सिंह मुंडा ने एक शब्द में 'आदिवासिडम' यानी आदिवासियत कहा है। और इसी भाव को गुरु गोमके रघुनाथ मुर्मू ने अपने एक गीत में अभिव्यक्त किया है जो आजादी के बाद संताली भाषा आंदोलन का बीजमंत्र बनकर संताली समाज के बीच पसरा।

यह आदिवासियत ही संतालों के साथ-साथ देश और दुनिया के सभी आदिवासी समुदायों की दार्शनिक पृष्ठभूमि है। इस दर्शन को समझे बिना हम आज के समाज और साहित्य की जाँच-पड़ताल नहीं कर सकते। नहीं समझ सकते हैं कि पहले हम क्या थे, आज क्या हैं और कल कैसे होंगे। आदर्शवाद, मानवतावाद, मार्क्सवाद, गांधीवाद, अम्बेडकरवाद—ये सब बाहरी समाज के औजार हैं। आदिवासियत को छोड़कर अगर हम इनसे आदिवासी समाज और साहित्य की मौजूदा हालात को समझने की कोशिश करेंगे तो गलत निष्कर्ष पर पहुँचेंगे।

कोई भी समाज जड़ यानी ठहरा हुआ नहीं होता। परिवर्तन प्रकृति का नियम है। होड़ समाज भी इस नियम के बाहर नहीं है। जरूरतों के अनुसार आदिवासी समाज भी समय-समय पर बदलता रहा है। प्राचीन पुरखा काल में वह सिर्फ प्रकृति में सहज रूप से उपलब्ध चीजों पर निर्भर था, जैसे—फल-फूल, कन्द-मूल और छोटे-मोटे जंगली जानवर। तब वह गुफाओं में रहता था। इसीलिए पुरानी गुफाओं में हमें आदिवासियों का पहला लिखित साहित्य मिलता है, जो विजुअल है। चित्रों के रूप में है। आज की भाषा में कहें तो कॉमिक्स या चित्रकथाएँ हैं यानी हमारे पुरखों ने हजारों साल पहले ही लेखन की नींव डाल दी थी। वह भी सबसे विकसित फॉर्म में, जिसमें लिपि ही चित्र है और चित्र ही लिपि है। साहित्य में चित्रकथा,

फोटो फीचर और प्रदर्शनकारी कलाओं में नाच-गान, नाटक, आधुनिक रंगमंच व सिनेमा का जन्म इसी विजुअल स्टोरी टेलिंग से हुआ है। यह अलग बात है कि गैर-आधुनिक साहित्य और कला के इतिहासकार इस बात को खुलकर नहीं स्वीकारते। अगर-मगर करके दबे स्वरों में स्वीकार करते हैं। प्राचीन पुरखा काल को इतिहास में प्राक्-ऐतिहासिक अथवा पुरापाषाण काल कहा जाता है। प्री-हिस्टोरिक पीरियड। इस काल की समयावधि मोटे तौर पर सवा लाख वर्ष पूर्व से 30 हजार वर्ष पूर्व तक मानी जाती है।

दूसरा महत्त्वपूर्ण काल है मध्यपाषाण काल। इसी काल में आदिवासियों ने खेती की शुरुआत की—अस्थायी रूप में—यानी कि झूम खेती। जंगलों और पहाड़ी ढलानों पर खेत बनाकर वे अपनी जरूरत भर का अनाज उगा लेते थे। आदिवासी सभ्यता के विकासक्रम में मैं इसको पुरखा मध्यकाल कहूँगी। इसका समय 30 हजार वर्ष पूर्व से 8 हजार वर्ष पूर्व तक माना गया है। इस काल में हमारे पुरखा गुफा छोड़ चुके थे और खेतों के पास ही घर बनाकर रहने लगे थे। परन्तु अब भी जैसे खेती अस्थायी थी, उसी तरह से उनकी बसाहट भी स्थायी नहीं थी। उनके स्वभाव में घुमन्तू जीवन के अवशेष बचे हुए थे और अभी भी उनकी मानसिकता नोमेडिक लाइफ के करीब थी। फिर भी आबादी का एक हिस्सा खेत के साथ ठहरकर जीने का अभ्यस्त हो चुका था। रोजमर्रा के भोजन जुटाने के साथ-साथ उसकी रुचि खाद्य संग्रह में बढ़ गई थी। जन्म, विवाह और मृत्यु से जुड़ी मान्यताएँ, धार्मिक विश्वास, परिवार और रिश्तों की संकल्पना, गोत्रों का विभाजन, पत्थरगड़ी जैसी मेगालिथ (महापाषाण) संरचनाओं का निर्माण, भाषा एवं अन्य कलाओं का विकास, जीवन-यापन के उपकरण और गणतांत्रिक समाज-व्यवस्था इसी काल की उपलब्धियाँ हैं।

असल में यही काल इनसानी इतिहास का सबसे महत्त्वपूर्ण काल है, जब सामाजिक, आर्थिक और सांस्कृतिक व्यवस्था विकसित रूप में अस्तित्व में आती है। परन्तु इस काल को सभ्यता का काल नहीं मानते, जंगली और बर्बर युग ही मानते हैं। उनके लिए सभ्यता का काल नवपाषाण काल है जिसमें नगरों का उदय है, लिपि है, लिखित साहित्य है, बाजार और व्यापार है।

पुरखा मध्यकाल में हम अभिव्यक्ति के रूपों को भी बदलते हुए देखते हैं। प्रकृति से प्राप्त ध्वनियों और संगीत के आधार पर शब्दों की रचना होती है जिससे भाषा बनती है—एक ऐसी भाषा, जो संगीतात्मक और लयात्मक है। गीतोंवाली भाषा। प्राचीन पुरखा-काल की विजुअल स्टोरी टेलिंग अब ऑरल ट्रेडिशन अर्थात् वाचिकता का रूप ले लेती है। ध्यान रखना होगा कि यह ऑरल ट्रेडिशन सिर्फ

शाब्दिक नहीं है। चित्र यानी विजुअल इसमें भी अनिवार्य रूप से मौजूद है नाच के रूप में, परफॉरमेंस के रूप में। आज भी आदिवासी लोग बिना नाच और संगीत के गीत नहीं गाते।

इसके बाद आता है नवपाषाण काल जिसमें बसाहट पूरी तरह से स्थायी हो जाती है। आदिवासी इतिहास की दृष्टि से इसे पुरखा-काल कहना उचित होगा जिसकी अवधि 8 हजार साल पूर्व से 3 हजार साल पूर्व तक की है। इस काल की उपलब्धि कृषि आधारित नगरीय समाज का विकास, स्थायित्व और प्रसार है जिसमें तांबा, कांसा और लोहा आदि धातु प्रमुख भूमिका निभाते हैं। नदियों के किनारे विकसित हुई अन्य सभ्यताओं की तरह ही मोहनजोदड़ो और हड़प्पा की नगरीय सभ्यता भी इसी काल में विकसित हुई और नष्ट भी हो गई।

भारत के आदिवासी समाज में आए परिवर्तनों को समझने के लिए नवपाषाण काल के बाद से अब तक के काल को मोटे तौर पर 4 भागों में बाँटा जा सकता है। पहला 3 हजार साल पूर्व से लेकर छठी शताब्दी तक यानी मौर्य काल से गुप्त काल तक। दूसरा, सातवीं शताब्दी से लेकर सत्रहवीं शताब्दी तक। इस काल में ही मुसलमानों का आगमन हुआ जो पूरे भारत को अधिकार में लेते चले गए जिसका चर्चित इतिहास मुगल साम्राज्य के रूप में जाना जाता है। तीसरा, अठारहवीं शताब्दी से बीसवीं सदी के मध्य यानी 1950 तक, जोकि ब्रिटिश काल है। और चौथा व अन्तिम काल है 1950 से अब तक का।

3 हजार वर्ष पूर्व से लेकर छठी शताब्दी तक का आदिवासी इतिहास मुख्य रूप से आर्य समाज से संघर्ष का इतिहास है। सदियों तक चले इस संघर्ष के परिणामस्वरूप आदिवासी समाज में पहली बार बड़ा परिवर्तन आया। आदिवासी समाज, जो गंगा के इस पार राजमहल से लेकर विंध्य और सतपुड़ा के जंगल-पहाड़ों पर रहते थे, कई समूहों में विभाजित होकर एक-दूसरे से बिलकुल अलग-थलग पड़ गए। इससे उनके बीच सांस्कृतिक स्तर पर भिन्नता आई और एक ही नस्ल व भाषा परिवार होने के बावजूद उनमें धार्मिक विश्वास की पद्धति, रीति-रिवाज और परम्पराओं में बदलाव आया। सबसे बड़ा परिवर्तन भाषा में हुआ। एक ही ऑस्ट्रो-एशियाटिक भाषा जिसका पूर्ण विकास पुरखा मध्यकाल अर्थात आज से करीब 70 हजार साल पहले हुआ था, उसकी एक शाखा मुंडा भाषायी कहलाई। जैसे—संताली, मुंडारी, हो, असुरी, बिरहोड़ी आदि। दूसरी शाखा मोन-खमेर बनी जिसमें झारखंड की खड़िया और नॉर्थ-ईस्ट की खासी भाषा है। तीसरी शाखा द्रविड़ कहलाई जिसे पहाड़िया, उराँव, गोंड और दक्षिण के दूसरे आदिवासी समुदाय

बोलते हैं। इस सांस्कृतिक बदलाव के अतिरिक्त धार्मिक, सामाजिक और आर्थिक जीवन-शैली में कोई बड़ा बदलाव नहीं हुआ। कुछ मामूली परिवर्तनों के साथ सभी आदिवासी समुदाय एक ही जैसे बने रहे।

मुसलमानी दौर का कोई प्रभाव आदिवासी समाज पर नहीं पड़ा। लेकिन अठारहवीं सदी में अंग्रेजों के आने के बाद से आदिवासी समाज बाहरी समाज-व्यवस्था के हमलों से बुरी तरह घिर गया। औद्योगिक विकास के लिए कच्चा माल, सस्ता श्रम और बाजार के विस्तार की जरूरतों ने जंगल और पहाड़ों को घेर लिया। हालाँकि हमारे पुरखा लड़ाकों ने दिसुम की रक्षा में कोई कसर नहीं छोड़ी। बाबा तिलका से लेकर जतरा भगत तक ने गुलामी की बजाय शहीद होना पसन्द किया। सूबा ठाकुर सिदो के नेतृत्व में संताल परगना की समस्त जनता ने ब्रिटिश राज को कड़ी चुनौती दी। बिरसा मुंडा ने उलगुलान के जरिये सीएनटी एसपीटी जैसे एक्ट बनाने के लिए अंग्रेजों को मजबूर कर दिया। यह सब इतिहास आप लोग अच्छी तरह से जानते हैं।

ब्रिटिश शासन के समय में ही बाहरी धर्म, शिक्षा, भाषा, बाजार और राजनीतिक-प्रशासनिक व्यवस्था का दखल आदिवासियों के जीवन में हुआ। विकास और लोकतंत्र के नाम पर 1950 के बाद सत्ता में आई हिन्दुओं की राजनीति ने ब्रिटिश राज के दौरान आरोपित बाहरी दखल को बढ़ाने का काम सुनियोजित ढंग से किया। इससे आदिवासी समाज की राजनीतिक, आर्थिक और सांस्कृतिक संरचना को आघात पहुँचा और वह पूरी तरह से छिन्न-भिन्न हो गई। 1871 से लेकर 1911 तक की जनगणना में आदिवासियों के लिए 'एनिमिस्ट' के रूप में अलग धर्मकोड था। यह धर्मकोड आजादी के बाद हुई 1951 की जनगणना में गायब हो गया। जयपाल सिंह मुंडा के पुरजोर विरोध के बावजूद संवैधानिक स्थिति भी आदिवासी से शिड्यूल ट्राइब में बदल दी गई। ब्रिटिश राज में मिशनरियों ने ज्ञान, शिक्षा और आजीविका के जो नये द्वार आदिवासियों के लिए खोले थे, उन्हें धीरे-धीरे चोट पहुँचाने का काम शुरू हुआ। 'हिन्दू-हिन्दी-हिन्दुस्तान' की नीति के तहत आदिवासी इलाकों में हिन्दी और संस्कृत के स्कूल खोले गए। ग्लोबलाइजेशन यानी फ्री मार्केट इकोनॉमी के बाद उभरे कट्टर धार्मिक माहौल में संस्कृतीकरण की इसी प्रक्रिया को अब कई-कई रूपों में हम सब पर लादा जा रहा है—शिक्षा, साहित्य, सिनेमा और राजकीय हिंसा के सहारे। सरकारी कार्यक्रमों के जरिये। देश की अल्पसंख्यक शिक्षा और कल्याणकारी संस्थाओं को नये-नये कानूनों के जरिये रोकने का प्रयास सरकारी तौर पर किया जा रहा है, ताकि भारत के सबसे प्राचीन निवासी आदिवासी लोग, जो देश के सबसे अल्पसंख्यक समुदाय भी हैं, वे शिक्षा और अन्य अवसरों

का उपयोग अपने अस्तित्व बचाव के लिए नहीं कर सकें। आदिवासी अस्तित्व के मुख्य आधार जल-जंगल-जमीन को आसानी से मल्टीनेशनल कॉरपोरेट कम्पनियों के हवाले किया जा सके। आदिवासियत के दर्शन और विचार को नष्ट करने की साजिश हर स्तर पर की जा रही है। झारखंड में सीएनटी एसपीटी एक्ट में संशोधन, दिकू हित वाली डोमिसाइल पॉलिसी, धर्मांतरण विधेयक, बाहरी धार्मिकता का प्रचार, शिक्षा और अखबार-टीवी के जरिये लगातार सांस्कृतिक हमला, जल-जंगल-जमीन से विस्थापन, नक्सलवाद के नाम पर संहार, मानवाधिकारों का हनन, बच्चियों की तस्करी और इंटरनेट, मोबाइल तथा लिटरेचर के जरिये पोर्नोग्राफी का जहर फैलाना—ये सब आदिवासी अस्तित्व को मिटाने की कार्रवाइयाँ हैं, जो सरकारी और गैर-सरकारी दोनों ही स्तर पर सुनियोजित और संगठित ढंग से की जा रही हैं।

यही आज का सामाजिक परिदृश्य है जिसमें आदिवासी रह रहे हैं। इसमें बहुत कुछ नकारात्मक है तो कुछ-कुछ चीजें सकारात्मक भी हैं। जल-जंगल-जमीन और आदिवासी अस्तित्व के संघर्ष में आदिवासी समाज पीछे बिलकुल नहीं हटा है। पॉजिटिव यह है कि शोषण, दमन और नस्लीय भेदभाव के बाद भी आदिवासी होड़ समाज तेजी से आधुनिक दुनिया के सभी क्षेत्रों में आगे बढ़ रहा है। पढ़-लिखकर वह हर तरह की नौकरियों में है, शिक्षा में है, राजनीति में है, खेल में है, कला-संस्कृति और साहित्य के क्षेत्र में है। कुछ लोग छोटे-बड़े बिजनेस में भी आ चुके हैं। नेगेटिव बात यह है कि पढ़े-लिखे आदिवासियों का एक हिस्सा बाहरी समाज और संस्कृति के प्रभाव में है। वह आदिवासियत से कटकर दिकु बन चुका है, जिसे अपनी भाषा-संस्कृति पर शर्म आती है; जो करप्ट, क्रिमिनल और रेपिस्ट बन चुका है। शहरों में कुछ आदिवासी धर्मगुरु पैदा हो गए हैं जो ईसाई और गैर-ईसाई आदिवासियों के बीच धार्मिक विद्वेष फैला रहे हैं। सरकारी नीति, राजनीतिक पार्टियाँ और माइनिंग कम्पनियाँ—सभी मिलकर ग्रामीण युवाओं को दलाल बनाने में जुटे हैं। हालाँकि बहुसंख्यक ग्रामीण आदिवासियों की तुलना में ऐसे दलाल आदिवासी वर्ग का प्रतिशत बहुत ही कम है पर इसका दायरा फैल रहा है। कला और साहित्य के क्षेत्र में भी हांसदा सोवेन्द्र शेखर जैसे लेखकों को पुरस्कार और प्रचार के जरिये आगे बढ़ाया जा रहा है ताकि नई पीढ़ी के दिमाग में अपने ही समाज के प्रति जहर भरा जा सके।

डोमन साहु 'समीर' के अनुसार, लिखित संताली साहित्य का इतिहास आज से 172 साल पहले शुरु होता है, जब अमेरिकी मिशनरी जर्मिया फिलिप्स ने 1845 ई. में बांग्ला लिपि में संताली को लिपिबद्ध किया था। परन्तु मेरा मानना है कि संतालियों द्वारा लिखने की शुरुआत 1855 की जून में हूल के दौरान हुई जब सिदो ने कैथी,

रोमन और बांग्ला—तीन लिपियों में संताली भाषा में 'ठाकुर का परवाना' लिखकर ब्रिटिश अधिकारियों को दिसुम छोड़ने का आदेश जारी किया था। 'ठाकुर का परवाना' ही संतालियों द्वारा लिखा गया पहला साहित्य है। रोमन, बांग्ला, असमिया, ओड़िया और देवनागरी लिपियों में लिखित संताली साहित्य की आज एक समृद्ध धरोहर संताल समाज के पास है। लेकिन इस लिखित साहित्यिक परम्परा में संताल समाज किस तरह से चित्रित हुआ और हो रहा है, इसकी ठीक-ठीक जानकारी देनेवाली आलोचनात्मक पुस्तकों का अभाव है। डेढ़ सौ सालों से ज्यादा समय में फैले संताली साहित्य में सामाजिक-सांस्कृतिक बदलावों को किस तरह से दर्ज किया गया है; या हमारे लेखक सिर्फ हूल, नाच-गान और पर्व-त्योहार के स्टीरियोटाइप वर्णन तक ही सीमित हैं? और सबसे बड़ा सवाल यह है कि वे किस दृष्टि से अपने समाज को लिख रहे हैं—अपने आदिवासियत के दर्शन से या फिर दिकु समाज और साहित्य के चश्मे से? माझी रामदास टुडू से निर्मला पुतुल और सुन्दर मनोज हेम्ब्रम तक के लेखन में संताली समाज के ऐतिहासिक उतार-चढ़ावों की बानगी कैसी है? मेरी समझ है कि इस पूरी साहित्यिक यात्रा से गुजरे बिना दो-चार लेखकों के आधार पर कोई राय बना लेना ठीक नहीं है।

फिर भी अपनी बात खत्म करने से पहले मैं आदिवासी साहित्य के दो-तीन रुझानों पर आप सभी का ध्यान खींचना चाहूँगी। आदिवासी लेखन का मूल ट्रेंड है—आदिवासियत के दर्शन से साहित्य का लेखन, जिसमें कल्पना की बजाय सच को, सामाजिक अनुभव और यथार्थ को बेहद सरल तरीके से प्रस्तुत किया जाता है। लेकिन ऐसा लेखन तभी हो पाता है जब लेखक का जुड़ाव जल-जंगल-जमीन के लिए चल रहे संघर्ष के साथ हो। दूसरा ट्रेंड है भारतीय भाषाओं और विश्व-साहित्य के अनुरूप विषयों, शिल्प और शैली का अनुसरण करना। तीसरा रुझान है बाहरी समाज, संस्थाओं और मीडिया द्वारा स्वीकृति और लोकप्रियता पाने के लिए अपने समाज का स्टीरियोटाइप और गरिमाविहीन लेखन करना। लेखन का यह तीसरा ट्रेंड सबसे खतरनाक है। परन्तु अच्छी बात यह है कि इसे लेकर संताली समाज बहुत सचेत है। हांसदा सोवेन्द्र शेखर के लेखन की तीखी आलोचना इस बौद्धिक सजगता का उल्लेखनीय उदाहरण है। भटकाव और सजगता, दोनों ही एक्शन असल में समाज और साहित्य में हो रहे परिवर्तन से जुड़ा है। भटकाव परिवर्तन की नकारात्मक प्रवृत्ति से पैदा होता है और हमारी सजगता को जाँचता है, जबकि परिवर्तन की सकारात्मक प्रवृत्ति हमें भौतिक प्रगति की ओर ले जाती है। हमारी आत्मिक व ऐतिहासिक चेतना को, स्प्रिचुअल और हिस्टोरिकल कांससनेस को यानी

आदिवासियत के दर्शन को और मजबूती भी देती है। साहित्य का यही उद्‌देश्य है जिसे हमारे पुरखों ने अपने ऑरल लिटरेचर के जरिये हम आदिवासियों को दिया है।

संताली समाज और साहित्य के सन्दर्भ में एक और बात की भी चर्चा जरूरी है। वह है बाहरी प्रभाव में स्त्रियों की समान भागीदारी में कटौती। संताली साहित्य में सैकड़ों लेखक हैं, हजारों किताबें हैं, यह सब जानकर हम सभी को खुशी होती है। लेकिन जब हम संताली लेखिकाओं को जानना चाहते हैं तो पुरुषों की तुलना में महिला साहित्यकारों की संख्या हमें खुश होने से रोकती है। आदिवासी समाज में औरतें हमेशा से बराबर की भागीदार रही हैं। फिर ऐसा क्यों है कि लेखन के क्षेत्र में महिलाएँ जिस अनुपात में आनी चाहिए थी, नहीं आ पा रही हैं? स्पष्ट है कि संताली समाज में कुछ ऐसे परिवर्तन हो रहे हैं जो महिलाओं की सामाजिक सक्रियता में बाधा बन रही है। सामाजिक स्तर पर आ रहे इस अवरोध को तत्काल चिन्हित कर इसका उपाय खोजे जाने की जरूरत है। दूसरा, साहित्य में महिलाओं की भागीदारी को बढ़ावा देने के लिए विशेष साहित्यिक कार्यशालाएँ, सेमिनार और अन्य कार्यक्रम लगातार आयोजित किए जाएँ। पत्र-पत्रिकाओं और पुस्तकों के प्रकाशन में भी महिला लेखिकाओं को प्राथमिकता देनी चाहिए। बाहरी समाज की तरह आदिवासी औरतें मर्दों की कठपुतली नहीं हैं। फुलो-झानो के पास भी वही मेधा और साहस था जो उनके भाइयों के पास था। हमें इस इतिहास चेतना और आदिवासियत के विचार को हर हाल में सँजो कर रखना है। परिवर्तन भौतिक जगत में होता है। आध्यात्मिक और दार्शनिक जगत तो मरङ बुरु की तरह हर काल में अविचल और अटल रहता है।

और अन्त में संताली कवयित्री आशा सुषमा किस्कु की कुछ पंक्तियाँ :

तीर, धनुष, बाँसुरी व फूलों के श्रृंगार में
रहते मस्त आदिवासी अपने ही संसार में
श्याम रंग, नंगे बदन, प्रकृति के अंक में
राजाओं में क्या मिलेगा, छिपा जो इस रंक में
कीमत इसकी कौन आँके दुनिया के बाजार में
रहते मस्त आदिवासी अपने ही संसार में...।

आप सबने मुझे सुना, इसके लिए आभार। जगवार के आयोजक मंडली को बहुत-बहुत जोहार कि उन्होंने मुझे यहाँ बोलने और आप सबको सुनने का अवसर प्रदान किया।

सभ्यताओं के विरुद्ध पुरखा-स्मृतियाँ

हम लोग अतीत के मिथक और किस्से नहीं हैं, जंगलों के संरक्षित अभ्यारण्य नहीं हैं, और न ही सभ्यताओं के चिड़ियाघर या संग्रहालय हैं। असहिष्णुता और नस्लवाद के शिकारियों का जंगली शिकार नहीं हैं हम आदिवासी। हम चाहते हैं, बाहरी दुनिया हमसे इनसान की तरह पेश आए।

—**रिगोबेरता मेंचो तुम,** नोबेल विजेता
आदिवासी लेखक व एक्टिविस्ट, ग्वाटेमाला

घने जंगलों में रहनेवाले आदिवासियों के सामने अपने अस्तित्व और आजीविका का संकट सभ्यताओं के उदय तथा बाहरी दुनिया के घुसपैठ के पहले कभी भी नहीं रहा। विभिन्न आदिवासी भाषाओं के पुरखा गीत इस बात की पुष्टि करते हैं कि पूरब और पश्चिम के जगत में 'महान सभ्यताओं' के उदय से पहले उनका जीवन बहुत शान्तिपूर्ण और खुशहाल था। समूची धरती उनका निवासस्थल था और 'राष्ट्रों' की कोई घेराबन्दी नहीं थी। परन्तु सभ्यताओं के उदय, विकास और विस्तार ने हर तरह की हिंसा की परिधि में खींचकर उनके जीवन को कष्टमय बना डाला। पहले बूझ-अबूझ प्रकृति और परिस्थितियों से उनका सहअस्तित्वपूर्ण दोस्ताना संघर्षभर था, आज वे चौतरफा हमलों के शिकार हैं। अपनी पहचान, अस्तित्व, अस्मिता और धरती-प्रकृति को बचाये रखने के लिए उन्हें न चाहते हुए भी रक्तपात के केन्द्र में आना पड़ा। तब से ही आदिवासी विद्रोहात्मक परम्परा के हो गए। सभ्यताओं के विकास का पूरा इतिहास इसीलिए आदिवासी युद्धों का इतिहास है। संघर्ष यानी रचाव-बचाव उनकी दिनचर्या बन गई।

आदिवासी रचाव-बचाव की इस दिनचर्या में उन्हें प्राथमिक तौर पर लिखित सभ्यता से मुठभेड़ करना पड़ता है, क्योंकि लिखित दुनिया उन्हें हर रोज नकारती

है। आदिवासियों और धरती के रिश्तों का लिखित प्रमाण माँगती है। सभ्यताएँ कागज की सत्ता से आदिवासियों को डराती हैं, जमीन से बेदखल करती हैं, उनके संसाधनों को लूटती हैं। कागज की सत्ता कहती है, आदिवासियों के पास कुछ भी नहीं है। भाषा, संस्कृति, धर्म, दर्शन, कला, कारीगरी—कुछ भी नहीं।

जबकि आदिवासी समाज के पास सबकुछ है। वाचिकता के रूप में संरक्षित, व्याहृत और अविच्छिन्न रूप से निरन्तर प्रवाहित। इतिहास बताता है कि आदिवासी भाषा, संस्कृति, धर्म, दर्शन, कला, कारीगरी आदि के बल पर ही सभ्यताओं की नींव रखी गई और वे फले-फूले। एक ही खूँट से पैदा होने के बावजूद जिस मूल सहजीवी दर्शन और वाचिकता को उन्होंने छोड़ दिया, आदिवासियों ने उसे आज तक अपनाए रखा है। वह मूल जीवन-दर्शन, ज्ञान, इतिहास—सब कुछ आदिवासियों के मौखिक साहित्य अर्थात वाचिकता (ऑरेचर) में समाहित हैं, जो पीढ़ी-दर-पीढ़ी पुरखा कथाओं, गाथाओं और गीतों के माध्यम से हस्तांतरित होते आ रहे हैं। न सिर्फ हस्तांतरित हुए हैं, बल्कि उसी में सुरक्षित और संरक्षित भी रहे हैं।

लिखित दुनिया में बहुत देर से और मजबूरन आया आदिवासी समाज, क्योंकि अभी भी लोगों का मानना है कि लिखित यानी कागजी रूप में आने पर उनकी चीजों को बाहरी समाज गलत उपयोग करेगा। मौखिक रूप से सारी व्यवस्थाओं के संचालन में अभ्यस्त इस समाज में लिपिबद्ध करने एवं दस्तावेजीकरण की गति काफी धीमी है क्योंकि वाचिकता उनकी मूल प्रकृति है। लिपि के जरिये आदिवासी विश्वास-परम्परा, भाषा और संस्कृति को अभिव्यक्त कर पाना उनके लिए बहुत मुश्किल कार्य है। वे मानते हैं कि जमीन के साथ इनसानी रिश्ते, अदृश्य आत्मिक संसार और प्रकृति-समष्टि के विधान को शब्दों में चित्रित नहीं किया जा सकता।

किसी भी नई चीज को लिखने में समय कम लगता है। किन्तु कही जा चुकी वार्ता को तुरन्त न लिखा जाना, गुजरते समय के साथ उन्हें धूमिल कर देता है या मिटा देता है। लिपिबद्ध करना वैसे भी अपने-आपमें एक चुनौतीपूर्ण कार्य है। चौतरफे हमले झेलता आदिवासी समाज अपने इतिहास, संस्कृति, दर्शन, जीवन-शैली की गलत धारणा को गैर-आदिवासी बुद्धिजीवियों व लेखकों द्वारा प्रस्तुत करने से चौकस हुआ है इसीलिए लेखन, पुनरावलोकन, समीक्षा करता हुआ अब अपनी बातों को स्वयं कहने का प्रयास कर रहा है। इसमें मुश्किल बस इतनी हो रही है कि जंगल-पहाड़ों में घूमता हुआ अपने भावों की

अभिव्यक्ति को स्वर देने में वह जितना सहज है, लेखन में खुद को उतना ही असहज महसूस कर रहा है।

हर सदी में आदिवासी लूट और शोषण के शिकार हुए हैं। अंग्रेजी, महाजनों, जमींदारों और अब सरकारों, बड़े औद्योगिक घरानों की ज्यादातियों का प्रतिकार या उसके लिए जनमानस का आह्वान हर जगह पर सुनने को मिलेगा उनके पुरखा गीतों में। आदिवासी पुरखा गीतों, कथाओं में कई बार संघर्ष-विद्रोह का जिक्र बिलकुल सीधा सपाट है किन्तु कई जगह बाहरी समाजों से द्वंद्व और युद्ध के वर्णन विभिन्न बिम्बों के रूप में आए हैं जिन्हें समझ पाना नई पीढ़ी के लिए थोड़ा मुश्किल है। आदिवासी लेखकों और इतिहासकारों के अध्ययन-चिन्तन से कुछ चीजें सामने आ रही हैं पर अभी भी पुरखा सन्दर्भों को सही-सही समझने और उन्हें उसी रूप में प्रस्तुत करने में काफी वक्त लगेगा, और इसीलिए साहित्य की सभी विधाओं की अपेक्षा अभी पूरा आदिवासी समाज जातीय उत्पत्ति, इतिहास पर ही अपने लेखन को केन्द्रित किये हुए है।

झारखंड के मुंडारी साहित्य में पुरखा गीत एवं कविताओं में रचाव-बचाव के लिए हुए विद्रोहों और युद्धों की कई स्मृतियाँ मौजूद हैं। कवि दुलायचन्द्र मुंडा, कांडे मुंडा, रामदयाल मुंडा आदि पहली पीढ़ी यानी लेखन की दुनिया में पहली पंक्ति के कवियों की कविताओं में भी तमाड़ विद्रोह, बिरसा उलगुलान, भूमिज विद्रोह आदि का जिक्र प्रमुखता से आया है।

1798-99 में मानभूम में भूमिज विद्रोह का बिगुल बजा था जिसकी अगुवाई गंगानारायण ने की थी। एक मुंडारी पुरखा गीत में उसका वर्णन इस तरह से हुआ है :

हय नारायन गंगा नारायन
हुलुः लेकम जल तिंतना
हेठो लेकम बुलतिं तना
डुलु लेकम जल तिंतना
खंडा तम...तना
हेणेः लेकम बुलतिंतना
फिरितम लिंगितना।

अर्थात—हे गंगानारायण, तुम टिड्डी की तरह मँडरा रहे हो। हेणेः (बलुवा पक्षी) की तरह मँडरा रहे हो, तुम्हारी ढाल चमक रही है, तलवार चमक रही है।

एक अन्य मुंडारी पुरखा गीत में तमाड़ थाना क्षेत्र में हुए युद्ध का वर्णन है। असल में औपनिवेशिक शासन के दिनों में और उसके पहले भी जमींदारों, सामन्तों, व्यापारियों और बाहरी लोगों का केन्द्र पश्चिम बंगाल, ओडिशा, बिहार, मध्य प्रदेश आदि राज्यों से सटे बुंडू-तमाड़, मानभूम, पंचेत, मयूरभंज, सरगुजा आदि क्षेत्र थे। झारखंड के भीतरी इलाकों में उनकी आवाजाही थी पर बसाहट सीमाओं पर ही थी। नगर, थाने, कचहरी वहीं हुआ करते थे। राँची, जो आदिवासियों की आबादी के केन्द्र में था, वहाँ बाहरी लोगों की बसाहट 1840 के बाद ही हुई जब कर्नल विल्किंसन ने लोहरदगा से हटाकर राँची को प्रशासनिक मुखयालय बनाया। इसी वजह से पुरखा गीतों में बुंडू, तमाड़, सिसई, पालकोट, पिठोरिया आदि क्षेत्रों में ही युद्ध होने की बात कही गई है :

बुंडू रेको मपः तना
किकि:केन किकि:केन
तमाड़ रेको तुपुञतना
दोना केन दोला केन।

अर्थात्—बुंडू में मार-काट हो रही है। घोड़े हिनहिना रहे हैं। तमाड़ में लड़ाई चल रही है।

1900 ई. में औपनिवेशिक ब्रिटिश शासन और बिरसा मुंडा के नेतृत्व में हुई ऐतिहासिक लड़ाई 'उलगुलान' का जिक्र मुंडारी पुरखा गीत में इस प्रकार से आया है :

सरोअदः गिरजा रे सार
थुञ लेना, खूँटी हतु रेदो
हिल हिलओ लेना
डिपुटी कमिश्नरेः हिजुः लेना
बिरसा भगवाने पिया केना।

अर्थात्—सरवदा गिरजा में तीर चलाया, खूँटी गाँव में हलचल मच गई, डिप्टी कमिश्नर आया, बिरसा भगवान का पीछा किया।

झारखंड के हो आदिवासी समुदाय की मुख्य बसाहट सारंडा यानी कोल्हान क्षेत्र में है। हो आदिवासियों का भी इतिहास लड़ाकू रहा है। सारंडा के घने जंगल

खान-खनिज से भरपूर हैं और इस इलाके में कई ऐतिहासिक युद्ध हुए। इन युद्धों में अनेक बार अंग्रेजों को मुँह की खानी पड़ी। कोल विद्रोह, सेरेगंसिया घाटी विद्रोह आज भी हो दुरङ अर्थात् गीतों में गाए जाते हैं। पुरखा और झारखंड आन्दोलन के आदिवासी योद्धाओं और शूरवीरों की शौर्यगाथा को याद किया जाता है :

साबे दो को साबे किया
तोल ढोको तोल कुया किहा
सेरेंगसिया गाड़ा रेको
नूरला काँजू कीह।

'आदिवासी सिबिल दुरङ' के लेखक दुर्गा पुरती ने अपनी कविता 'दिसुम रेयः दुलङ' में लिखा है : 'जान दे देंगे देश के लिए, पर देश नहीं देंगे।'

दुंडु लेकय मेंडञ रेयो
सेंगेल लेकम मेडञ रेयो'
दिसुम जोदिम नासि रेदो कारेञ मेताया।
गोनोय फांसीम बोनोज।
बन्दुम चन्डुले कुहम रेयो।
जोनोम दिसुम लागिड दो मारेञ मेताया।

इसी तरह 1940 में 'सतीशयः रूमल' पुस्तक में सतीश कुमार कोड़ाह ने अपनी कविताओं को विद्रोही स्वर दिया है। कानूराम देवगम ने अपनी अनेक रचनाओं में अंग्रेजी राज के खिलाफ विद्रोही भावनाओं को सशक्त अभिव्यक्ति दी है। 'बहा बुरु बोङा बुरु' के लको बोदरा ने 'कोल दुरुवा लड़ाई' में लरका कोल और दुरुवा के बीच हुई लड़ाई का इतिहास बताया है। बोदरा की पंक्तियाँ 'दंशायगीत' के रूप में आज भी गायी जाती हैं :

नोको कोरे गको लड़ाई तना
लोवा वाह मगरा दो रूमुल केना
चिय कोरे गको कोड़ाई केना
नियः बह रोड़ो सिंगा कुड्चूर केना।

कवि प्रधान गागराई ने 'जागार-ओतोंङ' में ऐसी कई रचनाएँ दी हैं जिनमें हो आदिवासी समुदायों का इतिहास प्रमुखता से उद्घाटित व वर्णित हुआ है।

'दिसुम रूमुल' नाटक 1968 में डॉ. सोनेया कुमार तियु ने लिखा है। यह नाटक मुख्यत: कोल विद्रोह पर केन्द्रित है। 1988 में 'हो को ओन्डो ने कोवअ: दिसुम' सामचरण तुविद लिखित है और यह कृति भी कोल विद्रोह का जीवंत इतिहास प्रस्तुत करती है। रायमन कुदाद: की 'सिबिल सरजोम' विद्रोही तेवर के गीतों का अच्छा संकलन है। 1979 में शंभू बारी लिखित उलगुलान गीत 'निकाते झारखंड अतु तना' में हो लड़ाकों का अंग्रेजों व जमींदारों से हुए संघर्ष का और उनकी वीरतापूर्ण गाथाओं का विस्तृत उल्लेख मिलता है।

मुंडारी और हो साहित्य की तरह ही खड़िया साहित्य में भी विद्रोहों एवं युद्धों का जिक्र पुरखा गीतों, कविताओं और नाटकों में आया है। अपने सीमित लिखित साहित्य संसार में विभिन्न आदिवासी समुदायों ने इतिहास को सहेजने और लिखने का प्रयास है। खड़िया लोकगीतों का संकलन डब्ल्यू. जी. आर्चर एवं सहयोगियों द्वारा किया गया है जिसमें विद्रोह से सम्बन्धित कई गीत हैं।

अंग्रेजों और जमींदारों के शोषण-अत्याचार के विरुद्ध 1800 में हुआ तेलंगा खड़िया का युद्ध पुरखा गीतों में बार-बार आया है। एक प्रसिद्ध पुरखा खड़िया गीत की पंक्तियाँ इस प्रसंग में द्रष्टव्य हैं :

मुरगुवा डाँड़ते सोना लेखे रे बन्दूक
तरकेलेंगता रूपा लेखे रे तरकेलेंगता
इ भेरे लड़े नाम रे तेलेंगा
सोना लेखे रे तरकेलेंगता।

अर्थात्—मुरगू के मैदान में बन्दूक चमक रहा है।
कब लड़ोगे तेलेंगा, बन्दूक सोने-चाँदी की तरह चमक रहा है।

एक अन्य गीत है :

गोली कबतीबे भोजराय
कदाली ते पाएजकोम सम्पड़ेता
पाएजकोम को कुद नगर ते संम्पड़ेता
मोघेर तिरिब गुड गोली घुमरेता।

अर्थात्—गोली जमा करो भोजराय, कदाली और कुंद नगर में सिपाही तैयार हो रहे हैं। काले बादलों-सी गोली घूम रही है।

बिरसा आन्दोलन का जिक्र भी खड़िया पुरखा गीत में आया है। इस गीत में राँची के डोरन्डा नामक जगह में अंग्रेजों के घिर जाने की बात की गई है :

राँचीया: गोरा पलटन
डुरंडा सहरते छेका डोमकीमय
हो डुरन्डा ते छेका डोमकीमय
महारानी चिट्‌ठी लिखा डाँगो
डुरन्डा शहर ते छेका डोमकीमय।

प्यारे केरकेट्टा लिखित 'जुझइर डाँड़' नामक नाटक में अंग्रेजों के लगान-वसूली के खिलाफ हुए जनयुद्ध की ऐतिहासिक कहानी कही गई है।

पुरखा वाचिक इतिहास में महिला लड़ाकुओं का जिक्र भी अनेक गीतों में हुआ है। हालाँकि उनकी संख्या कम है। आदिवासी समाज और व्यवस्था में महिलाओं की बराबरी की भूमिका है। श्रम के पहाड़-खेत हों या फिर युद्ध का मैदान, आदिवासी महिलाओं ने हर मोर्चे पर एकसमान और उल्लेखनीय सहभागिता अदा की है। महिलाओं से सम्बन्धित गीतों के कम होने की दो वजहें हो सकती हैं। पहली यह कि लिंगगत भेदभाव नहीं रहने से गीतों में यह विभाजन करना मुश्किल है कि कौन-सा गीत पुरुष से सम्बन्धित है और किसका सम्बन्ध सिर्फ महिला से है। स्त्रीवादी दृष्टि से पुरखा गीतों को छिनगाना इस अर्थ में रेत में सुई ढूँढ़ने जैसा है। दूसरी वजह यह हो सकती है कि चूँकि आदिवासी पुरखा गीतों और साहित्य के संकलन का कार्य सबसे पहले बाहरी समाज के विद्वज्जनों ने किया इसलिए महिलाओं से सम्बन्धित गीतों को उन्होंने तवज्जो नहीं दी और कालक्रम में वे खोते चले गए। ऐसे गीतों के खोने के पीछे बाहरी प्रभाव को भी नजरअंदाज नहीं किया जा सकता।

फिर भी कुछ पुरखा गीत बचे हुए हैं जिनमें आदिवासी महिलाओं की भागीदारी का यथेष्ट वर्णन हुआ है। बिरसा आन्दोलन में उनके सहयोगी रहे गया मुंडा की पत्नी माकी के बारे में एक पुरखा गीत इस प्रकार है :

कुला लोकस उड़ूजन माकी कुड़ी दो
हड़म हाके हुरलो: माकी दो
कुला लेकाय ककला: मरगा कुड़ी दो
कुला लेकाय हु: करला मरगा दो

ओकोय चिमय उपर लोन एहके: डीहरे
मरगा चिमय दलिद डुंबारी रे।

अर्थात्—शेरनी की भाँति निकल आई थी माकी। कुल्हाड़ी चलाया था। शेरनी की तरह गरजी थी। कौन एटके डीह में चढ़ आया था? वह मरगा माकी थी डुंबारी पहाड़ में।

डब्ल्यू. जी. आर्चर द्वारा संकलित 'मुंडा दुरंग', कुमार सुरेश सिंह की पुस्तक 'बिरसा मुंडा और उनका आन्दोलन', रेमिस कंडुलना के एक लेख और डॉ. सिकरादास तिर्की की शोधपरक किताब 'मुंडारी लोक-साहित्य में इतिहास' में आदिवासी स्त्रियों के युद्धों में शामिल होने के कई गीत संकलित हैं।

अभी भी आदिवासियों की वाचिकता में उपलब्ध मौखिक साहित्य का एक बहुत बड़ा हिस्सा हमारी पहुँच से बाहर है। और जो हैं, उनकी भी नये सिरे से पुनर्लेखन और पुन:प्रस्तुति करने की जरूरत है। आज जब आदिवासी समाज और उसके जीवन के सभी आयाम संकट में हैं, भाषाएँ विलुप्त होने के कगार पर हैं, हमें अपने इतिहास को सहेजने और उसे बार-बार सामने लाने के प्रयासों को गति देनी होगी। भाषायी एवं सांस्कृतिक आक्रमण-संक्रमण की वजह से कई चीजें समझ में नहीं आ रही हैं। इसलिए उनका संरक्षण और लिपिबद्ध होना आदिवासी अस्तित्व के लिए प्राथमिक कार्य है।

वंचना का आदिवासी पाठ

सामाजिक-सांस्कृतिक स्तर पर आदिवासी पिछड़े हैं, अशिक्षित हैं और गरीब हैं। आदिवासी वंचना का सामान्य रूढ़ अर्थ यही है। लेकिन हिन्दी शब्दकोशों के अनुसार छलपूर्वक किसी को ठगने या धोखा देने की क्रिया या भाव तथा वास्तविक रूप या बात छिपाकर कुछ और ही बात बनाना या मिथ्या रूप उपस्थित करना 'वंचना' है। वंचना से ही 'वंचित' बनता है जिसका आशय मूलभूत भौतिक एवं सांस्कृतिक संसाधनों से अभावग्रस्त होना है। भौतिक संसाधनों से तात्पर्य नये ज्ञान-विज्ञान से हासिल होनेवाली वे तमाम सामग्रियाँ (जैसे पौष्टिक भोजन, पक्के मकान, सड़क, स्वास्थ्य एवं परिवहन सुविधाएँ, शिक्षा आदि) हैं तो सांस्कृतिक संसाधनों का मतलब है संगठित धर्म, भाषा, सांस्कृतिक परम्पराएँ, शास्त्रीय कलाएँ, लिखित साहित्य, मनोरंजन के विविध रूप आदि। 'विकसित' सभ्यताएँ मानती हैं कि आदिवासी इन सबसे रहित हैं इसलिए वे वंचना का शिकार हैं अथवा वंचित हैं।

यह सही है कि आदिवासियों की जीवन-प्रणाली उस 'भौतिक स्तर' पर नहीं है जिसे विकसित कहा जाता है। पर निःसन्देह आदिवासी समाज उस उन्नत सांस्कृतिक स्तर का वाहक है जिसे पाने के लिए भौतिक तौर पर विकसित सभ्यताएँ सुख और शान्ति की तलाश में आज तक भटक रही हैं। अगर इनसान के ज्ञान-विज्ञान और समस्त कला-कौशलों का मूल लक्ष्य आत्मिक सुख, सहअस्तित्व व सामाजिक समानता और विश्व शान्ति है तो ऋग्वेद से लेकर आज तक के लिखित साहित्य का यही निष्कर्ष होगा कि महान सभ्यताएँ इस लक्ष्य को हासिल करने में अब तक नाकामयाब रही हैं, जबकि उच्चतर भौतिक अवस्था में नहीं रहने के बावजूद आदिवासी समुदाय सहअस्तित्व और समानता वाले जीवन-प्रणाली का अनुगामी है। इसलिए वह आत्मिक तौर पर सुखी भी है और सांस्कृतिक रूप से समृद्ध भी। यही

वजह है कि संविधान निर्मात्री सभा में बहस के दौरान आदिवासी प्रतिनिधि मराङ गोमके (सर्वोच्च बौद्धिक अगुआ) जयपाल सिंह मुंडा ने आदिवासियों को 'पिछड़ा' मानने से इनकार कर दिया था और कहा था कि वे आरक्षण की उस व्यवस्था का विरोध करते हैं जिसके आधार में असमानता है।

वास्तव में वंचना विकास की देन है। औद्योगिक विकास की जरूरतों के चलते बहुस्तरीय विकासीय उपक्रमों ने बड़े पैमाने पर लोगों के परम्परागत आर्थिक संरचनाओं को छिन्न-भिन्न किया। अनिवार्यतः इसका पहला शिकार आदिवासी बने जिनकी नैसर्गिक बसाहटों में औद्योगिक विकास के लिए खनिज एवं दूसरे प्राकृतिक संसाधनों का अकूत भंडार है। सरकारी सूचनाओं के मुताबिक फिलवक्त भारत में 1308 खनन इकाइयाँ हैं और सिर्फ 1980 से 2005 के बीच 164,610 हेक्टेयर वन क्षेत्र खनन के लिए कम्पनियों को दिये गए। वहीं, अप्रैल 2015 तक देश में 103 राष्ट्रीय पार्क और 528 वन्यजीव अभ्यारण्य, संरक्षित वन्य क्षेत्र 65 एवं 4 सामुदायिक संरक्षित वन्य क्षेत्र हैं जो कुल 160096.09 वर्ग किलोमीटर (कुल वन क्षेत्र का 4.86 प्रतिशत) जगह घेरते हैं। खनन उद्योग और संरक्षित वन क्षेत्रों के कारण विस्थापित और प्रभावित आदिवासियों का कोई आधिकारिक डाटा मौजूद नहीं है। लेकिन यह सर्वमान्य तथ्य है कि अकेले खनन उद्योग से 52 प्रतिशत आदिवासी आबादी विस्थापित हुई है।

खनन, बड़े बाँध, उद्योग, शिक्षा, संचार, फिल्म-टीवी, साहित्य, पत्र-पत्रिकाएँ और आदिवासी इलाकों में बहुसंख्यक बहिरागतों की निरन्तर बढ़ती आबादी के धार्मिक-सांस्कृतिक गतिविधियों से आदिवासी न सिर्फ भौतिक स्तर पर बल्कि सांस्कृतिक स्तर पर व्यापक रूप से अपनी परम्परागत भाव-भूमि से उजाड़े और विस्थापित किये गए। फलस्वरूप आदिवासी समुदाय जमीन और परम्परागत आजीविका से वंचित हुए, गरीबी का शिकार बने। पारम्परिक खाद्य सुरक्षा के प्रमुख स्रोतों—जल, जंगल, जमीन—के छीने और नष्ट कर दिये जाने से भुखमरी व कुपोषण से ग्रस्त तथा अपने रीति-रिवाजों, परम्पराओं व संस्कृति से बेदखल किये गए। इसके साथ ही वे शिक्षा, स्वास्थ्य, रोजगार और सामाजिक सुरक्षा के उन सामान्य नागरिक सुविधाओं से भी मरहूम हुए जिसका संवैधानिक संकल्प देश के नीति-नियंताओं ने उनसे गणतंत्र की स्थापना के दौरान किया था और जिसे 1951 से लेकर आज तक संचालित विभिन्न विकासीय परियोजनाओं के दौरान भी दोहराया जा रहा है। इस कटु यथार्थ के आलोक में 'आदिवासी वंचना' का अर्थ 'भौतिक संसाधनों का नहीं होना' नहीं है बल्कि छलपूर्वक ठगना या धोखा देना है।

क्योंकि नैसर्गिक रूप से आदिवासी न तो भौतिक और न ही आधिभौतिक स्तर पर विपन्न अथवा अभावग्रस्त समुदाय-समाज रहे हैं।

आदिवासी वंचना के इसी वास्तविक अर्थ अर्थात् छल-कपट, धोखा, संवैधानिक अधिग्रहण और असंवैधानिक लूट को छिपाने के लिए नये मिथक गढ़े गए जिसके अनुसार, 'आदिवासी विलुप्तप्राय, पिछड़े, आदिम और बर्बर हैं; नाचते-गाते हैं, पियक्कड़ हैं, अंधविश्वासी हैं, गरीब और नंगे हैं, सभ्यता-संस्कृति रहित हैं और विकास-विरोधी हैं'—जैसी मान्यताएँ स्थापित की गईं और इन्हीं मिथ्या अवधारणाओं के आधार पर उन्हें सुशिक्षित, सभ्य और विकसित बनाने के लिए समय-समय पर अनेक योजनाओं का 'शुभारंभ' होता रहा। पर स्थिति यह है कि 'अभावग्रस्त होना' और 'छल-कपट, धोखा व लूट'—दोनों अर्थों में 'वंचना' ही विकसित होती रही। आदिवासी 'विकसित' नहीं हुए। वे न तो 'मुख्यधारा' में शामिल हो पाए और न ही 'परम्परागत' बने रह सके। नतीजतन, नैसर्गिक और परम्परागत अधिकारों और आत्मनिर्णय के सवाल पर इस वंचना के खिलाफ उनका आक्रोश हर कालखंड में भड़कता रहा। हूल, उलगुलान और तेभागा के ऐतिहासिक विद्रोह औपनिवेशिक काल में हुए तो आजादी के बाद देशी शासकों को झारखंड, तेलंगाना और नक्सलबाड़ी जैसे राजनीतिक आन्दोलनों से जूझना पड़ा।

विकास, बाजार और आदिवासी

विकास और बाजार, दोनों एक-दूसरे का पर्याय हैं और आदिवासी इन दोनों का विलोम। आदिवासी समाज की आर्थिक-सांस्कृतिक संरचना प्रकृति के साहचर्य के कारण जरूरत-भर विनिमय की रही है यानी लेने और देने का, खरीदने व बेचने का नहीं। खरीदना और बेचना पूँजीवादी व्यवस्था है, जिसमें उत्पादन के साधनों का स्वामित्व एक छोटे अल्पमत वर्ग के हाथ में केन्द्रित रहता है और शेष वर्ग आजीविका के लिए पूर्णत: अपने श्रम की बिक्री पर निर्भर रहता है। इस व्यवस्था के लिए बाजार अनिवार्य होता है जहाँ पूँजी श्रम एवं अन्य संसाधनों के बीच खरीद व बिक्री के जरिये सक्रिय रहती है। बाजार लागत पूँजी को लाभगत पूँजी में बदलता है और लाभ के लिए जरूरी होता है कि श्रम एवं कच्चे माल का भुगतान जितना हो सके, जिस कीमत पर हो सके, न्यूनतम किया जाए। उत्पादक श्रमिक समूह लाभ के लिए किये जानेवाले दोहन और लूट के प्रति असहिष्णु न हो जाएँ, इसके लिए उनके आधिभौतिक जगत का सांस्कृतिक अनुकूलन किया जाता है और उन्हें आश्वस्त किया जाता है कि जो कुछ भी हो रहा है, वह उनके 'विकास' के लिए ही है। पूँजीवादी अर्थव्यवस्था के अनुरूप समाज के सांस्कृतिक अनुकूलन में धर्म, दर्शन, भाषा, संस्कृति आदि को कारगर हथियार की तरह इस्तेमाल किया जाता है ताकि भौतिक सम्पत्तियों के निजीकरण को वैध बनाए रखा जा सके।

आदिवासी अर्थ-संरचना चूँकि पूरी तरह से सहअस्तित्व पर आधारित है इसलिए वहाँ पूँजी की बजाय श्रम एवं संसाधनों के विनिमय का प्रचलन है। निजी स्वामित्व का निषेध है और सम्पत्ति की कोई संकल्पना नहीं है। स्वामित्व और सम्पत्ति के नहीं रहने से तथा संसाधनों पर सबका समान हक होने के कारण आदिवासी समाज में न कोई मालिक (शासक) और मजदूर (शासित) होता है और न ही कोई क्रेता

और विक्रेता। इसी वजह से उनकी आर्थिक संरचना में बाजार के लिए भी कोई जगह नहीं है। ऐसी स्थिति में आदिवासी समाज को उस विकास की जरूरत नहीं होती, जिसका दावा संसाधनों पर वर्चस्व जमाए कुछ समृद्ध अल्पमत लोग गरीब बहुसंख्यक लोगों के लिए करते हैं। इस दावे में निहित निजी लाभ-हित को छुपाने के लिए स्थापित यही किया जाता है कि विकास राष्ट्रहित में और सबके लिए जरूरी है। आदिवासी संरचना में जबकि विकास का अर्थ समाज के किसी छोटे या बड़े हिस्से और सिर्फ मनुष्यों के लिए नहीं होता बल्कि वह समष्टि के सभी अंगों-उपांगों के लिए होता है। प्रकृति और ज्ञान-विज्ञान के नित नये तकनीकी आविष्कार और कौशल से प्राप्त भौतिक उपलब्धियों का एकसमान वितरण और उपभोग इनकी विशेषता होती है। अपने इस सहजीवी और समतामूलक व्यवस्था के कारण आदिवासियों की संगति किसी भी रूप में बाजार और विकास वाली पूँजी-केन्द्रित व्यवस्था के साथ नहीं बैठ पाती और वे 'मुख्यधारा' में शामिल होने से इनकार करते हैं।

18वीं सदी में हुए औद्योगिक विकास के बाद से बाजार की जरूरतें बढ़ती चली गईं लेकिन 20वीं सदी के अन्त तक आते-आते इस कदर बढ़ गईं कि पूँजी की सक्रियता बाधित होने लगी। इस बाधा (मंदी) से उबरने के लिए मुक्त बाजार अर्थव्यवस्था की प्रणाली पेश की गई। कहा गया कि विकास के लिए ग्लोबल पार्टनरशिप जरूरी है और इसके लिए अर्थव्यवस्था को बाधित करनेवाली नीतियों को उदार बनाया जाना चाहिए। नतीजतन अब भारत जैसे सारे देश भूमंडलीकृत हो चले हैं और वे सारी आर्थिक नीतियाँ जो सामाजिक हितों की रक्षा करती थीं और जो मुक्त बाजार अर्थ-व्यवस्था के वैश्विक प्रसार में बाधा पहुँचा रही थीं, उन्हें हटा दिया गया है।

स्थानीय नियंत्रणों (आर्थिक नीतियों) के हटते ही बेलगाम बाजार पहले से कहीं ज्यादा खूंखार हो गई। बाजार की जरूरतों के सारे कच्चे संसाधन उन प्राकृतिक क्षेत्रों में ही हैं जहाँ आदिवासी रहते हैं। नतीजतन आज आदिवासी आर्थिक भूमंडलीकरण, सांस्कृतिक भूमंडलीकरण, राजनीतिक भूमंडलीकरण, धार्मिक भूमंडलीकरण, नस्लीय व लैंगिक भूमंडलीकरण और भाषायी भूमंडलीकरण की चपेट में हैं। इस चपेट से बचने के लिए वे लगातार संघर्षरत हैं और छापामार लड़ाइयों के जरिये अपनी असहमतियों को व्यक्त कर रहे हैं। वहीं बाजार (वैश्विक कम्पनियाँ) सरकारी संरक्षण में संवैधानिक और असंवैधानिक सैनिक-अर्द्धसैनिक बलों के जरिये उन पर और उनके संसाधनों पर काबिज होने के हर तिकड़म में लगी है।

दरअसल, बाजार, विकास और आदिवासी के बीच का मुख्य अन्तर्विरोध पूँजी और मुनाफा आधारित वह व्यवस्था है जिससे सभी प्रकार की असमानताओं और विकृतियों का जन्म होता है, उन्हें स्थायित्व मिलता है। श्रम और आजीविका ही नहीं वरन् जैव विविधता एवं प्रकृति के समस्त अवयवों के बीच पूँजी और बाजार के हस्तक्षेप को आदिवासी पूर्णतः अस्वीकार करते हैं। 19वीं शताब्दी के ब्रिटिश दस्तावेज जहाँ आदिवासियों के बीच बाजार ले जाने के औपनिवेशिक शासकों की व्याकुलता को बताता है, वहीं बाजार के निषेध और उससे सावधान रहने की आदिवासी सचेतनता को भी दर्ज करता है। खनन, उद्योग, बड़े बाँधों और नगरीकरण का आन्तरिक चरित्र मूलतः प्रकृति संतुलन, जैव विविधता और इनसानी समता को नष्ट करनेवाला है, इसे आदिवासी बखूबी समझते हैं। इसलिए बाजार और विकास की आधुनिक अवधारणा के खिलाफ आदिवासी सचेतनता, विमर्श और संगठित संघर्ष कोई नई परिघटना नहीं है बल्कि यह भूमंडलीकरण की प्राथमिक अवस्था से लेकर आज की चरम अवस्था तक के सभी दौर में एकसमान तीव्रता के साथ अभिव्यक्त होती रही है। अपने सामुदायिक, सहजीवी और 'पूँजी', 'बाजार' तथा 'लाभ' रहित समतामूलक सामाजिक-आर्थिक संरचना एवं दर्शन के कारण 'अमानवीय' और 'अप्राकृतिक' विकास की आधुनिक अवधारणा से उनकी संगति कभी नहीं बन सकती।

आदिवासी-हिन्दी सांस्कृतिक सम्बन्ध

अन्तर्विरोधी और द्वंद्वात्मक परिस्थितियों के बावजूद संस्कृतियों की आवाजाही एक अनिवार्य प्रक्रिया है। इस प्रक्रिया से कोई पक्ष नहीं बच पाता। दो भिन्न दर्शन और संस्कृतियों वाले आदिवासी समाज और हिन्दी के बीच भी सांस्कृतिक प्रक्रिया होती रही है और इससे दोनों ही भाषिक समाज के लोग प्रभावित हुए हैं। अनेक विदेशी-देशी विद्वानों ने भाषा, संस्कृति, समाज और इतिहास के अध्ययनों में इस सांस्कृतिक आवाजाही के पुख्ता प्रमाण दिये हैं। इनमें सबसे अधिक प्रमाण भाषिक हैं पर सामाजिक, आर्थिक और सांस्कृतिक प्रमाण भी कम नहीं हैं। इसीलिए सुनीति कुमार चटर्जी ने स्पष्टतः कहा कि 'भारतीय सभ्यता के निर्माण में अनार्यों का भाग विशेष रूप से गुरुतर रहा' (भारतीय आर्य भाषा और हिन्दी, 1954, पृ. 30)। 'मुंडा लोक-कथाएँ' (1968, पृ. 34) में इसे जगदीश त्रिगुणायत ने और स्पष्टता के साथ लिखा : 'भारतीय संस्कृति के प्राक् आर्य-तत्त्वों में आग्नेय और द्रविड़ (आदिवासी), दोनों तत्त्व मौजूद हैं। किन्तु उनमें भी अधिक महत्त्वपूर्ण हैं आग्नेय-तत्त्व, क्योंकि वे स्वयं द्रविड़ तत्त्वों के ताने-बाने में भी मौजूद हैं।'

भाषिक सम्बन्ध

आग्नेय (ऑस्ट्रिक) और द्रविड़ भाषाओं को सभी विद्वान आर्य भाषाओं से इतर और प्राचीनतम स्वीकार करते हैं। ये दोनों भाषिक समूह अनार्य हैं और मोहनजोदड़ो एवं हड़प्पा सभ्यता इनकी ही थी, ऐसा मत अधिकांश विद्वानों का है। काल्डवेल, गुंडर्ट, प्रिजिलुस्की, कायपर, बरो, सुनीति कुमार चटर्जी आदि विद्वानों ने संस्कृत एवं भारोपीय आर्य परिवार की अन्य भाषाओं पर आग्नेय भाषाओं के प्रभाव का

उल्लेख करते हुए माना है कि इनमें मूर्धन्य ध्वनियाँ आग्नेय भाषाओं से ही आई हैं। 'ये ध्वनियाँ न तो ग्रीक, लैटिन, अवेस्ता आदि प्राचीन आर्य भाषाओं में मिलती हैं और न मध्यकालीन या आधुनिक यूरोपीय भाषाओं में, जबकि मुंडा (आग्नेय) और द्रविड़ भाषाओं में इनका अस्तित्व बहुत प्राचीन है' (डॉ. दिनेश्वर प्रसाद, मुंडारी शब्दावली : अखिल भारतीय सन्दर्भ, 1999, 17)। त्रिगुणायत जानकारी देते हैं कि 'भाषाशास्त्रियों ने संस्कृत के साढ़े चार सौ के लगभग ऐसे शब्दों को खोज निकाला है, जिनका आर्येत्तर स्रोत हैं' (1968, 36)—जैसे गंगा, जो हिन्दी समाज की संस्कृति को व्यक्त करनेवाला सबसे लोकप्रिय शब्द है, वह मूलतः आदिवासी भाषा से आया है। जीवन का प्रमुख आधार पानी के जमाव व बहाव, जिसे देशज तौर पर 'दह' कहा जाता है, वह आदिवासी भाषाओं का 'डाअ्' और 'दी' है। संस्कृत का शाकम् 'सकम्' (पत्ता) और दूतम् 'दूतौम्' (दूत) है, तो अंगोर 'अंगार', दिसुम् 'देशम्' और सिसिर 'शिशिर' है। गण, जन, अगम, अन्न, मधु, कदली, कम्बल, बाण, लाँगल (हल), ताम्बूल, कर्पास, नारिकेल, कोसल-तोसल, अंग-बंग आदि शब्दों के मूल स्रोत भी आग्नेय आदिवासी भाषाएँ ही हैं।

सामाजिक सम्बन्ध

आर्य भाषाओं में घंटा, गज, कपोत, काक, हलाहल, गुड़, खन्दक आदि शब्द आग्नेय परिवार से आए हैं। इन शब्दों पर टिप्पणी करते हुए आचार्य क्षितिमोहन सेन बताते हैं कि इससे 'आग्नेयों की तत्कालीन उन संस्थाओं और विचारधाराओं आदि का भी परिचय मिलता है जिनको आर्यों ने ग्रहण किया होगा' (भारतीय संस्कृति में आर्येतरांश, 108)। त्रिगुणायत आग्नेय और आर्य के बीच के सामाजिक सम्बन्धों के बारे लिखते हैं : 'वस्तुओं और विचारों के क्षेत्र में ही नहीं, विवाह आदि के द्वारा भी आदिम जातियों से आर्यों का घनिष्ठ सम्बन्ध स्थापित होता रहा है और वस्तुतः भारतीय जनता इसी मिश्रण का फल है।...भीम ने नाग-कन्या उलूपी से और राक्षस कन्या हिडिम्बा से विवाह किया था। ऋग्वेद के दशम मंडल सूक्त 94 के रचयिता कद्रू के पुत्र नागवंशीय अर्वुद थे।...हिन्दू नारियों का सुहाग-चिन्ह सिन्दूर उन्होंने (आग्नेयों) ही सभ्यता को दिया है। टोटेम से बनी हुई गोत्र-प्रणाली का आविष्कार करनेवाले आदिवासी ही हैं जिसके परिष्कारस्वरूप, वृक्षों और पशु-पक्षियों का स्थान ऋषियों-मुनियों और आकाश के सितारों ने ले लिया है' (त्रिगुणायत, 1968, 35-36)।

भारत देश का नामकरण भी जिस शक्तिशाली गणप्रमुख 'भरत' के नाम पर हुआ है, उसकी माँ एक वनकन्या अर्थात् आग्नेय कुल की थी जिसने आर्य-कुल के दुष्यंत से प्रेम-विवाह किया था। इसी तरह पारिवारिक सम्बन्धों की निर्मिति में भी आग्नेयों का अवदान उल्लेखनीय है। इस सम्बन्ध में दिनेश्वर प्रसाद बताते हैं कि 'मुंडारी तता' का प्रयोग पिता के अर्थ में नहीं, वरन् पितामह के अर्थ में होता है, और इसके अतिरिक्त पीढ़ी के अर्थ में भी। इसमें तात या तता पर आधारित 'ततम्' का अर्थ 'तुम्हारा पितामह' और 'तते' का अर्थ 'उसका' या 'उनका पितामह' है (मुंडारी शब्दावली : अखिल भारतीय सन्दर्भ, 1999, 22)। इस प्रकार गोत्र बँटवारा, विवाह, कुल, परिवार, ग्रामप्रधान आदि सामाजिक एवं पारिवारिक संस्थाओं की जो सुदृढ़ संरचना हम हिन्दी जातीय समूहों में पाते हैं, इन सबकी नींव आग्नेयों ने ही डाली थी।

आर्थिक सम्बन्ध

झूम खेती और पहले-पहल धान का उत्पादन आग्नेय समुदायों ने ही शुरू किया था जिसे आर्यों ने अपनाया और कृषिकर्म की एक सुदृढ़ परम्परा विकसित की। केला और नारियल, पान और सुपारी, हल्दी और अदरख, लौकी, बैंगन तथा काशीफल आग्नेयों ने उपजाये। हाथी को पालतू बनाने और मुर्गी को पालने का काम सर्वप्रथम उन्होंने ही किया। कपास से कपड़ा और कपड़े से धोती एवं साड़ी जैसे विशिष्ट वस्त्रों का निर्माण आर्यों ने आग्नेय लोगों से ही सीखा। तुला जिससे 'तौल' शब्द बना है, बीस-बीस कर गिनने की गणना-पद्धति और लेन-देन के लिए 'पण' (मुद्रा) शब्द, जिसके बिना आर्थिक क्रियाकलाप सम्भव नहीं था, आदिवासियों की देन हैं (सुनीति कुमार चटर्जी, भारतीय आर्य भाषा और हिन्दी, 1954, 46)।

सांस्कृतिक सम्बन्ध

'भारतीय प्राचीन इतिहास एवं दंतकथाओं में निहित धार्मिक तथा सांस्कृतिक रीति-परिपाटी केवल अनार्यों से आई हुई वस्तु का आर्य-भाषा में रूपान्तर मात्र है।...संक्षेप में, कर्म तथा परलोक के सिद्धान्त, योग-साधना, शिव, देवी तथा विष्णु को परमात्मा के रूप में मानना, वैदिक 'हवन'-पद्धति के समक्ष नई 'पूजा'-रीति का हिन्दुओं में आना, आदि तथा अन्य बहुत-सी वस्तुओं का भी हिन्दू धर्म और विचार में आना, वास्तव में, अनार्यों की देन है' (भारतीय आर्य भाषा और हिन्दी, 1954, पृ. 46)।

'कहते हैं, इन्हीं आग्नेयों ने बीज और वृक्ष के संयोजन-वियोजन के क्रमों को देखकर पुनर्जन्म की कल्पना की। चन्द्रमा को देखकर तिथि-गणना का रिवाज, वृक्षों और नदियों की पूजा, पत्थर के टुकड़ों की पूजा, ग्राम देवता, डीह और बरम् आदि आदिम जातियों से लिये गए हैं। कमल, कुमुद, कोयल आदि अलंकरण भारत के अभिजात साहित्य का शृंगार करने के पहले ही आदिवासी गीतों की शोभा बढ़ा चुके हैं' (त्रिगुणायत, 1968, पृ. 35-36)। 'ऐतरेय उपनिषद् में जो सृष्टि-कथा कही गई है, वह मुंडा भाषाभाषी आदिवासियों के बीच भी कुछ अलग रूप में विद्यमान है। प्रारम्भ में केवल पानी ही पानी था। उसे सुखाकर ही अन्नोत्पादन के लायक जमीन बनी। सृष्टिकार ने जल को तपाया। उस तपते हुए जल से पृथ्वी उत्पन्न हुई। वही अन्न (आधार) हुई' (डॉ. रामदयाल मुंडा, संस्कृत साहित्य के आदिवासी और भारतीय संस्कृति को उनकी देन)।

अत: इसमें कोई सन्देह नहीं कि 'मुंडा समाज ज्ञात इतिहास के प्रत्येक चरण में शेष—और बृहत्तर—भारतीय समाज से घनिष्ठ रूप में सम्बद्ध रहा है। मुंडारी बोलियों में शब्दावली के स्तर पर जो अनेकानेक समानताएँ मिलती हैं, उनमें से एक है उनमें भारतीय परिदृश्य को प्रभावित करनेवाली संस्कृत से लेकर अंग्रेजी भाषा तक के शब्दों का अस्तित्व। दूसरी ओर यह भी सत्य है कि संस्कृत से लेकर आधुनिक आर्य भाषाओं तक पर मुंडा भाषाओं का प्रभाव पड़ा है। और वह प्रभाव उनकी प्रकृति का स्थायी अंग बन गया है' (डॉ. दिनेश्वर प्रसाद, मुंडारी शब्दावली : अखिल भारतीय सन्दर्भ, 1999, 15)।

सारत: कहा जा सकता है कि आदिवासी और हिन्दी का सांस्कृतिक सम्बन्ध प्राचीन काल से आधुनिक काल तक रहा है। जीवन जीने की एक विशिष्ट शैली और अपने विश्व-दृष्टिकोण पर अडिग रहते हुए उन्होंने न सिर्फ आर्य संस्कृति एवं दर्शन के तीव्र दबावों का मुकाबला किया है बल्कि इस अन्तर्संघर्ष के दौरान आर्य भाषाभाषियों को बहुत गहरे तक प्रभावित किया है और आधुनिक सभ्यता तक आते-आते स्वयं भी उनसे प्रभावित हुए बिना नहीं रह पाए हैं। आज की आदिवासी भाषाओं और उनके साहित्य में हिन्दी शब्दावलियों की व्यापक मौजूदगी इसकी पुख्ता बानगी हैं। हालाँकि आधुनिक विकास के इस दौर में, विशेष कर औपनिवेशिक समय के बाद से अब तक, यह सांस्कृतिक सम्बन्ध नई आर्थिक व्यवस्था के कारण एकतरफा दबाव में है। इससे दोनों के सम्बन्धों की सौहार्दता दाँव पर है जिसकी अभिव्यक्ति आदिवासी 'हासा (जमीन)-भाषा' के आन्दोलनों के रूप में अखिल भारतीय स्तर पर बारंबार दिखाई पड़ती रहती है।

भाषा, संस्कृति, जमीन और आदिवासी

[तीन नये आदिवासी राज्यों—झारखंड, छत्तीसगढ़ और तेलंगाना—के सन्दर्भ में]

15 नवम्बर, 2000 को तीन नये राज्य अस्तित्व में आए : झारखंड, छत्तीसगढ़ और उत्तराखंड। हालाँकि अलग राज्य की माँग का प्रबल और ऐतिहासिक केन्द्र सिर्फ झारखंड था। दूसरा पुराना केन्द्र दक्षिण में तेलंगाना था परन्तु 2000 में उसे अलग राज्य का दर्जा देना भाजपानीत वाली राजग सरकार ने उचित नहीं समझा। लेकिन झारखंड के साथ छत्तीसगढ़ और उत्तराखंड को क्यों जरूरी समझा, यह कोई अबूझ बात न पहले थी, न आज है। तेलंगाना को राज्य का दर्जा मिला दस साल बाद 2 जून, 2014 में। वैश्विक दुनिया का कारोबार जिसे पूँजीपति और मल्टीनेशनल कम्पनियाँ 'लोकप्रिय और चुनी हुई सरकारों' की आड़ में संचालित करती हैं, इसे समझनेवाले जानते हैं कि तीन आदिवासी राज्यों के साथ-साथ उत्तराखंड को नया राज्य क्यों बनाया गया है। लूट का खेल खेलने में देशी-विदेशी कम्पनियों को जरा भी परेशानी नहीं हो, इसलिए। इसलिए नहीं कि वे वास्तव में इन आदिवासी राज्यों के उन करोड़ों आदिवासी नागरिकों को उनके जीवन और संसाधनों पर उनका परम्परागत हक स्वीकार करते हैं, जिसके लिए वे लड़ रहे थे और संघीय ढाँचे के भीतर अपने लिए ज्यादा से ज्यादा स्वायत्तता की माँग कर रहे थे, और जिसका वादा संविधान करता है। अगर इस नेक इरादे के साथ झारखंड, छत्तीसगढ़ और तेलंगाना का गठन होता तो फिर इन राज्यों की आदिवासी-देशज जनता आज भी विद्रोह का गीत नहीं गा रही होती।

चूँकि हम झारखंड से हैं इसलिए झारखंड की चर्चा हमारा ध्येय है। वैसे, छत्तीसगढ़ और तेलंगाना या कि उत्तराखंड ही हो, सब राज्यों की एक ही हालत

है। बिरसा जयंती के अवसर पर 15 नवम्बर, 2000 को झारखंड राज्य ढेर सारी उम्मीदों और आकांक्षाओं के साथ अस्तित्व में आया। इसके गठन की तुलना मैं सतावांस पैदा हुए बच्चे से करती हूँ। क्योंकि भाजपा-कांग्रेस-राजद की खींचतानी और श्रेय लेने की होड़ के कारण असमयपूर्ण परिणाम बना झारखंड। भौगोलिक-राजनीतिक कटा-छँटा नक्शा का ढाँचा तैयार था। 22 जिलों की माँग को दरकिनार कर 18 जिलों वाले एक ऐसे राज्य से आज हमारा वास्ता है जो राजनीतिक अस्थिरता और वैचारिक दिवालियेपन से ग्रसित है। अचानक राज्य गठन होने से एक अफरातफरी तो राजनीतिक स्तर पर हो ही गई थी। लगातार के संघर्ष में कभी हम सोच ही नहीं पाए कि आन्दोलन के बाद के 'निर्माण' के दौर की रूपरेखा क्या होगी? झारखंड लेना तो था ही अपने मान-सम्मान व हक-अधिकार के लिए, लेकिन लेने के बाद की तैयारी नहीं थी। विचार बहुत थे, योजना नहीं थी कुछ भी।

गुणात्मक रूप से झारखंड में कुछ भी नहीं सुधरा है। बिहार की जगह बस झारखंड लिखा जाता है। आदिवासी विकास की विभिन्न योजनाओं का ढेर सारा पैसा आता है और वापस लौट जाता है या दूसरी जगह खर्च हो जाता है। आदिवासियों का भूमि-अधिग्रहण, उनका पलायन, विस्थापन और बढ़ गया है। लूट, अत्याचार और भ्रष्टाचार में बेतहाशा वृद्धि हुई है। राँची राजधानी बन गई है, पर अब यहाँ आदिवासियों के लिए जगह नहीं बची है। जो पढ़े-लिखे और पैसेवाले आदिवासी राजधानी में रह गये हैं, उनकी जीवन-शैली आदिवासियत से कटी हुई है। सखुआ के जंगल की जगह अपार्टमेंटों के जंगल में रहनेवाले आदिवासियों को ग्रामीण आदिवासी जीवन-परम्परा और संघर्ष की कोई चिन्ता या जुड़ाव नहीं रह गया है। गैर-आदिवासी विचार और जीवन-शैली ने उन्हें पूरी तरह से बदल डाला है। वे कहीं से भी आदिवासी नहीं हैं, पर आदिवासी होने का दावा करते हैं।

अर्थात जिस झारखंड की कल्पना हमारे पुरखों और हमने की थी, वह कहीं परिलक्षित नहीं होता। 11 वर्ष के दौरान कठपुतलियों की तरह मुख्यमंत्री आते-जाते रहे। लूट का खेल धड़ल्ले से जारी रहा और हम भ्रम में जीते रहे कि हमारा 'अपना आदमी' राज कर रहा है। वह हमारी सुध लेगा और झारखंड राज्य आदिवासी राजनीति व समाज का एक आदर्श बनेगा। हम इस भ्रम में रहे कि सांस्कृतिक-आर्थिक अस्मिता और पहचान के लिए लड़ा गया झारखंड आन्दोलन देश के विभिन्न हिस्सों में सम्मान के साथ याद किया जानेवाला आन्दोलन है

जिसने आदिवासी राष्ट्रीयता की भावना बोया और जल, जंगल, जमीन, हासा-भाषा, मालिकाना हक के सपने देखने सिखाए। असम, अंडमान, नेपाल के झारखंडी मूल के आदिवासियों ने बहुत उम्मीद बाँधी किन्तु हमारे लोग खरे नहीं उतरे।

इतने लम्बे समय बाद भी हमारे पास एक अच्छे विकास का खाका तैयार नहीं है। खाका होगा तभी तो ढाँचा के बारे में भी सोचा जा सकेगा। सीमेंट, बालू, गिट्टी से कंक्रीट की बिल्डिंग तो डेवलप की जा सकती है, लेकिन बुनियादी विकास के लिए उस जीवन-दर्शन तक जाना होगा जिसमें समानता, सहअस्तित्व, सहभागिता जैसे मूल्य संरक्षित हैं। पर वहाँ तक जानेवाले कच्चे रास्तों पर कोई नहीं जाना चाहता। वह पैदल का रास्ता है। उस पर लग्जरी गाड़ियाँ नहीं जा सकतीं। लिहाजा पूरी सरकार और नौकरशाह फोरलेन-सिक्सलेन पर जोर दे रहे हैं। वे सरपट भागना चाहते हैं। पूरी स्पीड में। वे उस विकास के मॉडल को ही लागू कर रहे हैं जिसे आज से ढाई सौ वर्ष पहले हमारे लड़ाकू पुरखों ने खारिज कर दिया था। हमारे लोगों ने बहुत पहले ही बिचौलियों और दलालों की शिनाख्त करते हुए उनके खिलाफ संघर्ष छेड़ दिया था। पर आज के झारखंड की राजनीति और सरकार पूरी तरह से उन्हीं पर निर्भर है। बहुराष्ट्रीय और कॉरपोरेट दलाल आकाओं के सामने सरेंडर है। ऐसे में वाजिब है कि विकास, विस्थापन, पुनर्वास, महिला, भाषा—किसी भी तरह की अपनी नीति के बारे में सोचने और उसे लागू करने की योजना उनके पास नहीं होगी। वे चाहेंगे भी नहीं कि वैसे संस्थानों और तंत्र का विकास हो, जिससे झारखंडी जनता की मुश्किलों को दूर करने का काम शुरू किया जा सके। अड़ोस-पड़ोस या बिहार की नीतियों को भी आधा-अधूरा ही अपना रहे हैं, अपनी सुविधा और स्वार्थ के मुताबिक। राजनीतिक अस्थिरता का आलम ऐसा रहा है कि जो आता है, अपने हिसाब से चीजों को परिभाषित करता है। लिहाजा, लोगों में फिर से असंतोष उमड़-घुमड़ रहा है। यह झारखंड पूरी तरह से राष्ट्रीय-बहुराष्ट्रीय कॉरपोरेट घरानों, उनके दलाल राजनीतिज्ञों का है। झारखंडी जनता के पास सिवाय घोषणाओं और इस झूठे भ्रम के कि 'झारखंड' है, कुछ भी नहीं है। नवनिर्माण और तथाकथित विकास की अवधारणा और इस प्रक्रिया में आजीविका, अस्मिता और पहचान का सवाल हाशिए से भी बाहर चले गए हैं।

किसी भी राज्य की पहचान वहाँ की संस्कृति होती है। सांस्कृतिक धरोहर, इतिहास, भाषायी वैविध्य ही झारखंड की विशिष्ट पहचान रही है। पर यह कहने की जरूरत नहीं है कि किस तरह से राज्य बनने के 11वें वर्ष में भी इस सांस्कृतिक

विशिष्टता को नकारा जाता रहा है। भाषा-संस्कृति को सदैव उपेक्षित किया जाता रहा है। युगद्रष्टा झारखंड आन्दोलनकारियों ने तो इसके महत्त्व को समझा और संघर्ष को एक मुकाम तक पहुँचाया; किन्तु उनके कर्णधारों के लिए यह मुद्दा राजनीतिक लाभ देनेवाला नहीं रहा। नतीजा आज सामने है कि अपने ही घर में हमारी मातृभाषाएँ मरणासन्न अवस्था में पहुँच गई हैं।

इसमें दोष सिर्फ वोट बटोरनेवाली पार्टियों का नहीं, लाश पर रोटी सेंकने वाले राजनीतिज्ञों का ही नहीं, हमारा अपना भी है। हमने उन्हें बिसरा दिया जिन्होंने यह कहा कि भाषा-संस्कृति ही हमारी मूल पहचान है। रघुनाथ मूर्मू, लाको बोदरा, प्यारे केरकेट्टा आयता उराँव की सीख को तुच्छ माना। तथाकथित सुसभ्य, सुसंस्कृत होने के लिए जिस मुख्यधारा को हमारे लोग आदर्श मानते हैं, क्या वह सही में मुख्यधारा है? जिस सामूहिकता, सहभागिता, सहकारिता का पाठ दुनिया सीख रही है, वह आदिवासियों के जीवन-दर्शन में है। जिस पुरखा भंडार से लोक ज्ञान पाना चाहते हैं, वह हमारे लोकगीतों, मंत्रों में है। मुख्यधारा वह कदापि नहीं हो सकता जिसमें आडम्बर, छल, प्रपंच, लोभ के सारे हथियार हैं और जो दूसरों के हिस्से पर भी कुंडली मारे जमे हुए हैं। दूसरों की भाषा, दूसरों के द्वारा लिखे इतिहास द्वारा हमें अपनी भाषा-संस्कृति से दूर किया जा रहा है। हमारे इतिहास को विकृत तरीके से पेश किया गया। लिहाजा, हमें उनका सब कुछ श्रेष्ठ लगने लगा है और अपना हेय। हम शारीरिक गुलामी से उबरे किन्तु मानसिक गुलामी कर ही रहे हैं। ऐसे में हम अपनी जमीन, खेत-खलिहान, जंगल, झाड़, भाषा, जातीय और सांस्कृतिक पहचान कैसे बचा पाएँगे? क्या किसी भी समुदाय की परम्परा, संस्कृति और जीवनमूल्यों को कागजों में बेजान पड़े कानूनों के बल पर बचाया और विकसित किया जा सकता है?

झारखंड एक नये विमर्श और एक नई राजनीतिक कार्रवाई की माँग कर रहा है। हमारी झारखंडी राजनीतिक पार्टियाँ, नौकरशाह और बुद्धिजीवी इस नई भूमिका के लिए तैयार नहीं दिखते। वे झारखंडी जनता के बलिदानों और आज भी संघर्षरत आदिवासी समुदायों को सुनना-समझना नहीं चाहते। उनके पास परम्परा और आधुनिकता के सामंजस्य और उससे विकसित होनेवाली विकास की देशज-आदिवासी अवधारणा को गृहीत करने की क्षमता नहीं है, क्योंकि वे उन्हीं मूल्यों और विचारों से संचालित हो रहे हैं, जिसके खिलाफ सदियों से झारखंड युद्धरत रहा है और आज भी अधिकार व सम्मान के सवाल पर कोई भी समझौता करने के लिए सहमत नहीं है। विकास की नई अवधारणा और पुनर्निर्माण की जनपक्षीय

योजना व कार्रवाइयाँ वह बौद्धिक समाज ही रच सकेगा, जो अपने इतिहासबोध से लैस हो, न कि वे लोग जिनका आदर्श न्यूयॉर्क, लन्दन और बिजिंग है। जल, जंगल और जमीन लील जाने के लिए फोर लेन-सिक्स लेन वाली सड़कें पूरे राज्य में पसर रही हैं। वक्त रहते यदि हमने संघर्षरत जनता के साथ एकताबद्ध होकर अपनी बौद्धिक भूमिका तय नहीं की तो आदिवासी अस्मिता संघर्ष का पर्याय बना झारखंड एक ऐसा नकारात्मक मुहावरा बन जाएगा, जिसे कहने से कोई भी आदिवासी हिचकेगा। क्योंकि तब न जंगल होगा, न जमीन। इसी के साथ लुप्त हो जाएँगी वे भाषाएँ जिन्हें हजारों साल से हमारे पुरखों ने सहेज रखा था और हमारी पीढ़ी को सौंपा था—इस विश्वास के साथ कि हम भी उन्हें अपनी नई पीढ़ी को सुपुर्द करेंगे।

गैर-आदिवासी दुनिया और पुरखा-दृष्टि

आदिवासियों के बारे में अध्ययन का सिलसिला पूर्ववैदिक समय से ही शुरू हो जाता है जिसके प्रमाण हमें आर्य और रोमन सभ्यताओं की स्थापना से ही मिलने लगते हैं। आर्य सभ्यता-संस्कृति अनार्य आदिवासियों के बारे में क्या धारणा रखती है, उससे हम सभी परिचित हैं। काले-कुरूप राक्षस, आततायी, हिंसक, खून पीने, जादू-टोना जाननेवाले आदि-आदि। काले लोग यानी आदिवासियों के बारे में यही धारणा यूनानी रोमन सभ्यता की है। औद्योगिक क्रान्ति के बाद जब इनसानी सभ्यता के 'कल-युग' में मानव और प्राकृतिक संसाधनों पर कब्जा करने के लिए अश्वमेध का घोड़ा (धनलोलुपता/पूँजीवाद) पृथ्वी के समस्त हिस्से पर दौड़ा, तो लगभग समूची दुनिया रोमन साम्राज्य (यूरोपियन, डच, फ्रांसीसी आदि) के नये उत्तराधिकारियों की कॉलोनी बन गई। आर्यों द्वारा घोषित 'कल-युग' को फ्रांस-यूरोप ने 'इनसानी सभ्यता का आधुनिक काल' कहा। इस 'कल-युग' और 'आधुनिक काल' में नये साम्राज्य के खोजियों ने पृथ्वी के इस छोर से उस छोर तक की यात्राएँ कीं। उनके अन्वेषक व्यापारियों, सैनिकों ने धरती के तीन हिस्से में पसरे समंदर को नाप डाला। हर यात्रा के बाद वे लन्दन, पेरिस के दरबार में, हुंडी-मुद्रा बाजार में कीमती पत्थर-धातुओं, तरह-तरह की बहुमूल्य वस्तुएँ व कारीगरियों, ज्ञान के संग्रहों, भाषाओं, इतिहासों और जिन्दा व मुर्दा इनसानी जिस्मों की नुमाइश करते। उन पर अपने साम्राज्य के 'ब्रांड' लगाकर उनकी बोलियाँ लगाते, उनकी खरीद-बिक्री करते। हवा, मिट्टी, जल, पेड़-पौधे, वनस्पतियाँ और सम्पूर्ण जीव-जगत सहित पूरे पृथ्वी-ग्रह के साथ बदसलूकी, गरिमा-हनन, दोहन, लूट, हत्या, जनसंहार का यह सिलसिला अबाध रूप से बीसवीं सदी तक जारी रहा।

इन महान सभ्यताओं और दयालु धर्मों के दार्शनिक, समाज-विज्ञानी और विद्वान व्याख्या करते रहे—दुनिया की हर नस्ल का। उनके इस नृतत्त्व-समाजविज्ञान और

इतिहास अध्ययन में, बौद्धिक व्यापार में आदिवासी समुदाय केन्द्र में रहे, जहाँ रहस्य था, रोमांच था, बर्बरता थी, आदिमपन था। आज भी, जब पूरी दुनिया स्वतंत्र है और उन्हीं के नये वंशजों के हाथ में 'राष्ट्र' हैं, उनका यह कहना थम नहीं रहा है कि आदिवासी क्या हैं, कौन हैं, क्या चाहते हैं। उदाहरण के लिए हिन्दी साहित्य देख लीजिए, जो उनके मुताबिक भाषा का 'राष्ट्र' है, जिसका एक भी लेखक आदिवासी भाषा नहीं जानता, पर उसे आदिवासी समाज का 'ऑथिरिटी' लेखक घोषित किया जा रहा है। इस तथाकथित भारतीय और हिन्दी राष्ट्र का बौद्धिक नागरिक समाज तनिक भी उस ओर देखने का उपक्रम नहीं कर रहा है, जिधर आदिवासी साहित्य की लम्बी कतार है—आदिवासी भाषाओं में और हिन्दी-अंग्रेजी व अन्य क्षेत्रीय भाषाओं में भी। पुरखा-साहित्य का तो विशाल समृद्ध संग्रह है आदिवासियों के पास।

कहने का अर्थ है कि पिछली सदी से इस सदी तक हम अभी भी उनके नजरिये से खुद को जानने के षड्यंत्र में फँसे हुए हैं। गैर-आदिवासी स्कूली सिस्टम, विश्वविद्यालय, भाषा-शिक्षा-नीति और साहित्य ने हमें बुरी तरह से, किसी अजगर की भाँति, जकड़ रखा है। हमारी आँखों पर उनका रंगीन चश्मा है जिससे हम श्वेत-श्याम जैसे बुनियादी रंग को देख ही नहीं पा रहे हैं। हम यह भी नहीं जान पा रहे हैं कि हमारे पुरखे जब पहली-पहली बार बाहरी लोगों के सम्पर्क में आए होंगे, गैर-आदिवासी दुनिया को देखा होगा, उन्होंने क्या सोचा होगा? क्या धारणा बनाई थी गैर-आदिवासी समाज और दुनिया के बारे में? वे सब क्या सोचते थे अपने से भिन्न बोली, भाषा, रहन-सहन, खान-पान वाले लोगों के बारे में?—हम आज इस पर ही ध्यान देंगे।

आदिवासी पुरखा-गीतों, कहानियों, कहावतों आदि का वाचिक साहित्य इस दृष्टि से बहुत भरा-पूरा है। आदिवासी समाज की क्या धारणा बनी थी गैर-आदिवासी दिकू दुनिया और उसके व्यवहार के बारे में, उनके जीवन-दर्शन के बारे में, वह सब अनुभव हमारे पुरखों ने सहेज रखा है। हमारे पुरखे इस धरती के सबसे प्राचीन मनुष्य हैं। सामान्य, पर अत्यन्त बौद्धिक। बहुत बुद्धिमत्तापूर्ण तरीके से और गैर-आदिवासी सभ्यताओं की तरह बगैर नीचा दिखाए, बिना कोई गाली दिये, दोष लगाए उन्होंने दिकू सोच-व्यवहार और जीवन-दर्शन को सूत्रबद्ध किया है। आलोचना की यह गरिमामयी पद्धति अभी तक दिकुओं का बौद्धिक वर्ग ज्ञानार्जित नहीं कर सका है। हालाँकि आज विश्व में उनके विश्वविद्यालयों अर्थात् ज्ञान के केन्द्रों की संख्या 23887 हो गई है।

आइए, कुछ आदिवासी पुरखा-गीतों से हम इस बात की पड़ताल करते हैं कि हमारे पुरखे गैर-आदिवासी समाज के बारे में क्या सोच रखते थे। ये सभी गीत

हमने जगदीश त्रिगुणायत द्वारा संगृहीत 'बाँसरी बज रही' और सेम तोपनो की विश्लेषणात्मक पुस्तक 'म्यूजिकल कल्चर ऑफ द मुंडा ट्राइब' से ली है। इन मुंडा गीतों में जो दृष्टिकोण आया है गैर-आदिवासियों के बारे में, वही नजरिया हम अन्य आदिवासी समुदाय के गीतों में भी प्रायः पाते हैं :

सतयुग और कलयुग!
पहले सतयुग था।
सतयुग और कलयुग!
अब कलयुग आ गया
जब सतयुग था
तब लोग रस्सी बाँधा करते थे
अब कलयुग आ गया है
अब लिखकर हिसाब करते हैं

जब तक लोग रस्सी बाँधा करते थे
दुनिया को टिकाये हुए थे
जब लोग लिखने लगे
तब देश को बरबाद कर दिया। [1]

इस पुरखा मुंडारी गीत में हिन्दू-दर्शन की मूल अवधारणाओं को देश की बरबादी के लिए जिम्मेदार बताया गया है। गीत कहता है कि 'सतयुग और कलयुग' की अवधारणा रखनेवाले लोग अपने ह्रासोन्मुखी जीवन-मूल्यों से समाज-व्यवस्था और देश को तबाह व बरबाद कर रहे हैं। उनकी अविश्वासी प्रवृत्ति, जिसमें इनसान के कहे हुए का कोई महत्त्व नहीं है, लोगों के बीच सन्देह-अविश्वास बढ़ा रहा है। इस अविश्वास का मूल कारण अर्थ है, पैसे की प्रधानता है, सम्पत्ति है। इस प्रवृत्ति के कारण दिकू समाज के लोग आपस में लड़ रहे हैं। समाज और देश बरबाद हो रहा है :

जब मेरा समय था तब मैं
पीतल के कटोरे में सरसों का तेल लिये फिरता था।
जब मेरी जवानी थी तब मैं
कपड़े में चिउड़े की पोटली लिये फिरता था।
जब मेरा समय बीत गया

तब पीतल का कटोरा फूट गया।
जब मेरी जवानी नहीं रही
तब कपड़े की पोटली फट गई।[2]

इस गीत में आदिवासी पुरखों ने व्यक्तिगत सम्पत्ति पर आधारित समाज में व्याप्त आर्थिक असमानता की ओर ध्यान इंगित किया है। पुरखे कहते हैं कि जब दिकू समाज में आदमी जवान रहता है यानी जब वह श्रम कर सकता है तब उसकी स्थिति अच्छी रहती है, लेकिन जैसे ही वह उम्र के प्रभाव में श्रम करने लायक नहीं रह जाता, वह दरिद्रता का शिकार हो जाता है। उनके समाज में व्यक्ति की सामाजिक सुरक्षा नहीं है। वहाँ मनुष्य को मनुष्य होने के कारण महत्त्व नहीं दिया जाता बल्कि 'यूज और थ्रो' वाली स्थिति है।

रास्ते में एक जोड़ा जो लूदम फूल है
ऐ बेटी, उसको किसने तोड़ लिया?
रास्ते में अटल फूलों की जो शृंखला है,
ऐ बेटी, उसे किसने छिनगा दिया?

चमचमाते हुए शिकारी
शिकारियों ने फूल को तोड़ लिया।
झलकते हुए अहेरी
अहेरियों ने डाल को छिनगा दिया।

शिकारियों ने जो फूल को तोड़ा,
हे बेटी, चोटी ही से तोड़ लिया।
अहेरियों ने जो डाल को छिनगा दिया,
सो हे बेटी, नीचे से ही छिनगा दिया।

शिकारियों ने जो फूल को तोड़ा,
हे बेटी! उसकी फुनगी मुरझा गई।
अहेरियों ने जो छिनगा दिया,
हे बेटी, उसका तना कुम्हला गया।[3]

इस गीत में दिकू समाज का प्रकृति के प्रति क्या सोच और रवैया है, उसे पुरखों ने बड़ी ही खूबसूरती के साथ प्रदर्शित किया है। आदिवासी समाज भी पेड़-पौधों का इस्तेमाल करता है, पर वे कभी भी अपनी जरूरतों के लिए उन्हें नष्ट नहीं करते। अगर वे लकड़ी के लिए पेड़ की डाली काटते हैं तो इस बात का ध्यान रखते हैं कि कटी हुई जगह से फिर डालियाँ निकल आएँ। पर दिकू समाज ऐसा नहीं करता। वह तने से ही पेड़ को काट डालता है। इससे पेड़ के जीवित रहने की सम्भावना हमेशा के लिए खत्म हो जाती है। इस गीत का एक दूसरा अर्थ दिकू समाज में स्त्रियों की अवस्था का वर्णन भी है, जिसमें उन्हें वृक्ष की तरह ही सिर्फ उपभोग की वस्तु माना जाता है। स्त्रियों की गरिमाहीन, अधिकारविहीन सामाजिक अवस्था का चित्रण हम अगले गीत में भी देख सकते हैं जिसमें खुलकर पुरखे बता रहे हैं कि उनके समाज में सिर्फ विधवाओं, परित्यक्ताओं या असुन्दर स्त्रियों को ही घर से बाहर नहीं निकाल दिया जाता बल्कि हर तरह से सुन्दर स्त्री भी प्रताड़ित और बेसहारा की जाती है :

टोडङ गाँव में हिन्दू राजपूत ने
माला पहने हुई सुन्दर स्त्री को छोड़ दिया।
टोडङ गाँव में हिन्दू राजपूत ने
पहुँची पहने हुई सुन्दर स्त्री को त्याग दिया।

हे बेटी, जाओ, लौट जाओ,
माला पहने हुई सुन्दर स्त्री को छोड़ दिया।
हे बेटी, जाओ, लौट जाओ,
पहुँची पहने हुई सुन्दर स्त्री को त्याग दिया।[4]

गैर-आदिवासी समाज में स्त्रियों का अवमूल्यन और लिंगगत भेदभाव इस हद तक बढ़ा कि आगे चलकर विवाह हेतु लड़कियों का मिलना मुश्किल हो गया। हम जानते हैं कि बेटे और बेटी के बीच का भेदभाव बाहरी समाज में बहुत भयावह है। वे अपनी बेटियों को जनमते ही मार देते हैं। जब टेक्नोलॉजी का विकास हुआ तो अब लोग बेटियों को भ्रूण में ही मारने लगे हैं। कन्या-भ्रूण की हत्या करनेवाले समाज में औरतों का अनुपात घटना स्वाभाविक ही है। हरियाणा और देश के दूसरे इलाकों में सन्तानोत्पत्ति के लिए औरतों को खरीदकर लाने का इतिहास कम-से-कम सौ साल पुराना है।

प्रस्तुत गीत में हमारे पुरखों ने दिकू समाज की इसी भयावह समस्या को रखा है। इसके माध्यम से बाहरी समाज और जीवन में स्त्री का स्थान क्या है और स्त्री महज उनके लिए सन्तान पैदा करनेवाली एक मशीन है, इसी को उद्घाटित किया है। 'बाबू, तुम बच्चे नहीं हो, हल के समान घिस रहे हो'—इस सार्थक पंक्ति के द्वारा उन्होंने एक ऐसे लाचार समाज का वर्णन किया है, जो स्त्री के बिना अनुत्पादक बन गया है :

हे बाबू, तुम छोटे नहीं हो,
हे बाबू, तुम बच्चे नहीं हो।
तुम हल के समान घिस रहे हो,
चारों ओर घूम-फिरकर तुम औरत की खोज में हो।[5]

निम्नांकित गीत में आदिवासी इलाकों में बाहरी लोगों के आगमन को चिन्हित किया गया है। दिकू लोग किसलिए आए और उनका मकसद क्या था, उसका खुलासा बहुत पहले ही हमारे पुरखों ने कर दिया था। यह गीत दिकुओं के बाजार-आधारित समाज और अर्थ-व्यवस्था के बारे में बताता है। आदिवासी समाज हर मायने में आत्मनिर्भर समाज रहा है, लेकिन नमक लेकर बाहरी लोग घुसे और अपने भेदभावपूर्ण जीवन-शैली से आदिवासी इलाकों को बीमार बना डाला। वे सिर्फ नमक लेकर ही नहीं आए बल्कि कई असाध्य दुष्प्रवृत्तियों और रोगों को लेकर भी आए :

हे सोन्दारी, क्या यही लोग नमक तौलनेवाले हैं?
क्या यही लोग लहसुन बेचनेवाले हैं?
हाँ, यही लोग नमक तौलनेवाले हैं।
हाँ, यही लोग लहसुन बेचनेवाले हैं।[6]

जैसाकि मैं पहले कह चुकी हूँ, पुरखों ने बाहरी घुसपैठियों के जीवन-दर्शन को उनके व्यवहार से समझ लिया था, जो पूँजी-आधारित समाज था, जिसमें पैसे का मोल सर्वोपरि था और धन संचय करने तथा लाभ कमाने की हत्यारी होड़ थी। नीचे उद्धृत गीत की पंक्तियाँ बाहरी समाज की उसी धनलोलुपता को बताती हैं। बाहरी समाज इस धनलोलुपता से निकलने की बजाय आज उसमें और गहरे धँसता जा रहा है। पूँजी और बाजार पर कब्जे की लड़ाई के फलस्वरूप दुनिया दो-दो विश्वयुद्ध झेल चुकी है और अभी भी अनेक हिस्सों में मारकाट जारी है :

माँ, यह कहाँ का बंडा कुत्ता, कहाँ का है,
जिसने रुपया बाँध रखा है?

माँ, यह बड़े सिरवाला सूअर कहाँ का है,
जिसने सिक्का पकड़ रखा है?

माँ, यह बंडा कुत्ता बुंडू का है,
जिसने रुपया बाँध रखा है।
माँ, यह बड़े सिरवाला सूअर तमाड़ का है,
जिसने सिक्का पकड़ रखा है।[7]

आदिवासी इलाकों में, झारखंड में, सबसे पहले नागवंशी लोग आए। उनके आने के बाद ही इतिहास के विभिन्न काल-खंडों में हिन्दू और मुस्लिमों का बड़ी संख्या में आगमन हुआ। नागवंश की स्थापना फणिमुकुट राय ने की थी। इतिहासकारों का कहना है कि फणिमुकुट राय के पहले झारखंड में आदिवासियों का एकच्छत्र निवास था। नागवंशियों ने बहुत ही सुनियोजित ढंग से आदिवासी प्रमुख मदरा मुंडा को अपदस्थ करके नागवंशी शासन की नींव डाली। सत्ता हस्तांतरण का यह उपक्रम बिना कोई युद्ध किये नागवंशियों ने किया था। ऐसा गैर-आदिवासी इतिहासकारों ने लिखा है, परन्तु यहाँ हम जिस गीत को दे रहे हैं, वह बताता है कि सदियों पहले हुआ सत्ता हस्तांतरण 'निर्विघ्न' नहीं हुआ था बल्कि नागवंशियों के षड्यंत्र का आदिवासियों ने जमकर विरोध किया था। हालाँकि नागवंशियों ने आदिवासियों के जीवन और समाज-व्यवस्था में बहुत हस्तक्षेप नहीं कर, यह पूरी कोशिश की कि उन्हें उनके विरोध का सामना करना नहीं पड़े। (देखें, वीपी केशरी द्वारा लिखित 'झारखंड का इतिहास : कुछ सूत्र, कुछ सन्दर्भ' और डॉ. सिकरादास लिखित 'झारखंड का इतिहास') पर चूँकि उनका दर्शन लूट और लोभ व लाभ पर आधारित था इसलिए तमाम प्रयासों के बावजूद टकराव अवश्यंभावी था। इसीलिए नागवंशी सामन्तों और राजाओं के साथ उनके सम्बन्ध बहुत मधुर नहीं रहे और समय-समय पर अत्यधिक लगान, शोषण-अत्याचार के विरुद्ध आदिवासी आक्रोश फूटता ही रहा। औपनिवेशिक काल में भी दोनों के भिड़ंत (1828-1832 का कोल-विद्रोह) के लिखित प्रमाण हैं।

प्रस्तुत गीत इसी तथ्य को उद्घाटित करते हुए बाहरी समाज के दर्शन को रेखांकित करता है, जिसके मुताबिक उन्होंने अपने लोभ, लालच, द्वेष और हिंसा की प्रवृत्ति से सुन्दर देश को 'नष्ट-भ्रष्ट' कर दिया :

हे नागवंशी राजाओ, तुम लोगों ने बात बनाई थी।
ऐ भुइयारी राजाओ, तुम लोगों ने ठान लिया था।

तुम लोगों ने जो बात बनाई थी,
उससे दुनिया को नष्ट-भ्रष्ट कर दिया।
तुम लोगों ने जो ठान लिया था,
उससे सारी दुनिया में उथल-पुथल मच गई।

रात के अँधियारे में तुमने बात बनाई थी।
दिन के उजियाले में तुमने ठान लिया था।[8]

पुरखों ने बाहरी समाज के हर व्यवहार का ही नहीं बल्कि उनकी बोली-भाषा, रहन-सहन, खान-पान आदि को भी अपनी कसौटी पर परखा था। जो समाज उनके बीच तेजी से घुसपैठ कर रहा था और उनके जीवन व समाज-व्यवस्था को प्रभावित कर रहा था, वह बहुत गम्भीर था। आदिवासी पुरखे देख रहे थे कि उनका लक्ष्य आर्थिक लूट के साथ-साथ सांस्कृतिक भी है। वे आदिवासियों को बाध्य कर रहे थे कि वह उनकी भाषा-संस्कृति अपनाएँ। और यह तब की बात है जब स्कूली शिक्षा की व्यवस्थित शुरुआत नहीं हुई थी। लेकिन गैर-आदिवासी दिकू समाज अपने साथ जो 'बाजार' लेकर आया था, वह उत्पादों के साथ-साथ बाहरी भाषा को भी जबरन थोप रहा था। गैर-आदिवासी भाषाविज्ञानियों और इतिहासकारों ने आदिवासी इलाकों में प्रचलित नागपुरी, खोरठा, छत्तीसगढ़ी आदि भाषाओं को भाषायी 'सम्मिलन' की उपज माना है। लेकिन हम जानते हैं कि यह समन्वय एकतरफा है। आदिवासी इलाकों में बसनेवाली आर्य जातियों ने बाहर से आकर यहाँ की आदिवासी भाषाओं को नहीं अपनाया।

श्रेष्ठता के अहं के कारण यह रवैया प्राचीन समय में भी था और आधुनिक समय में भी है, जैसाकि हम औद्योगिकीकरण के बाद भारी संख्या में आए बिहारियों, बंगालियों आदि के भाषागत स्वभाव को देखते हैं। आधुनिक दौर में आए हुए लोग भी आर्य जाति के ही हैं परन्तु इन्होंने अपने से सदियों पूर्व झारखंड में आए अपनी ही आर्य जातियों की भाषाओं को नहीं स्वीकार किया। यह आर्यों की मूल प्रवृत्ति है कि वे दूसरों को अपने से नीचे मानते हैं। उनकी भाषा-संस्कृति को हिकारत से देखते हैं। निम्नांकित दो गीत हमें गैर-आदिवासियों के इसी भाषायी-सांस्कृतिक दबाव और हमले की प्रवृत्ति से परिचय कराता है :

1. *हे दादा, बुंडू गाँव में तो सदानी बोली बोलते हैं।*
   हे दीदी, सरगेया गाँव में तो बंगाली बोली बोलते हैं।

हे दादा, मैं तो सदानी बोली नहीं जानता।
हे दीदी, मैं तो बंगाली बोली नहीं जानती।

हे भाई, तुम मैना की तरह बोल-बोलकर
सदानी बोली सीख लो!
हे बहिन, तुम सुग्गा की तरह बोल-बोलकर
बंगाली बोली सीख लो! [9]

2. *चाईबासा के मुसलमान*
हिंती-मिंती, सिंती-मिंती सुर में हिन्दी बोलते हैं,
सर पर टोपी पहनते हैं।
चाईबासा के मुसलमान
हिंती-मिंती, सिंती-मिंती सुर में हिन्दी बोलते हैं। [10]

बाहर से आकर बसा हुआ समाज लोभी है। वह झूठ बोलता है। फरेब करता है। बेईमान है और अपनी स्वार्थपूर्ति के लिए किसी भी हद तक गिर सकता है। उसके व्यापार, बाजार और सभी आर्थिक गतिविधियों के मूल में लोगों को धोखा देना है। तभी तो आदिवासी जब उनसे सामान माँगने जाते हैं, वह झूठ बोलता है। आदिवासी अपने दर्शन के अनुसार ही सहज भाव से उनसे माँग रहे हैं क्योंकि उनकी चीजें उन्हें आकर्षित कर रही हैं :

हे अँगूठी बनानेवाले सकेरा,
मुझे हाथ की अँगूठी बना दो।
हे कंघी बनानेवाले दुलिया,
मुझे फूलोंवाली कंघी बनाकर दो।

अँगूठी तो मैं बना देता
पर काँसा-पीतल चटक गया।
कंघी तो मैं बना देता,
पर पतली तीली टूट गई।

देने की इच्छा नहीं है,
इसीलिए काँसा-पीतल चटकने की बात कहते हो।

देने का मन नहीं है,
इसीलिए तीली टूटने की बात कहते हो। [11]

यह अनुभव पुरखा आदिवासियों के लिए अच्छा नहीं था। उन्होंने जान लिया कि जो बाहरी लोग आए हैं, वे उनकी तरह नहीं हैं। उनका सोच-विचार आदिवासी समाज से बिलकुल अलग है। इस मुंडारी पुरखा गीत में आदिवासी समाज कह रहा है कि दिकू लोगों की लूट-नीति बहुत कपटपूर्ण है। उसके मुकाबले आदिवासी मानसिकता बहुत सहज-सरल है। दिकुओं का समाज और अर्थ-व्यवस्था अत्यन्त जटिल है। उन्होंने ठगने के लिए, लूटने के लिए, लाभ और वर्चस्व के लिए तरह-तरह के जाल बिछा रखे हैं। बहुत सावधानी रखने पर भी उनकी छल-कपट में फँस जाना निर्मल हृदय वाले लोगों के लिए स्वाभाविक है :

हे पंछी, तुम कितनी चतुराई करोगे?
एक दिन तुमको बझा ही देंगे!
हे पंछी, तुम कितनी सावधानी करोगे?
एक दिन तुमको फँसा ही लेंगे!

हे पंछी, एक दिन बझा लेंगे,
डाड़ी के पानी में ही बझा लेंगे।
हे पंछी, एक दिन फँसा ही लेंगे,
झरने के पानी में ही फँसा लेंगे। [12]

कौन हैं ये बाहरी लोग, जो पहले सिर्फ नमक लेकर आए, फिर बस गए? खरीद-बिक्री शुरू की और बिना श्रम किए अधिक से अधिक लाभ कमानेवाली 'बाजार'-आधारित अर्थ-व्यवस्था की शुरुआत की? यह कैसा समाज है और इसका जीवन-दर्शन कैसा है?—अगले गीत में इसे ही दर्ज किया गया है। पुरखा लोग कहते हैं कि बाहरी लोग एक भिन्न नस्ल, भाषा-संस्कृति और दर्शन के लोग हैं। यह गीत आर्यों के आगमन का ऐतिहासिक साक्ष्य भी है :

घोड़े की मदद से कौन खेती करता है?
हल चलाते हुए किसके बाल हिलते हैं?
चलो, उसे देखते हैं। चलो, उसे पहचानते हैं।
हाँ, हमने उसे देख लिया।
हाँ, हमने उसे पहचान लिया। [13]

गैर-आदिवासी दुनिया और पुरखा-दृष्टि

पुरखों ने जान लिया, पुरखों ने पहचान लिया—दिकू समाज के चाल-चरित्र और व्यवहार को। यह सामन्ती समाज है। ब्राह्मणवादी समाज है। उनका दर्शन मनुष्य-मनुष्य में फर्क करता है। कोई सबसे ऊपर है तो कोई सबसे नीचे। जातियाँ हैं, उपजातियाँ हैं। वर्णाश्रम वाला उनका समाज मनुष्य और मनुष्य में भेद करता है। कुछ लोगों की पूजा होती है और बहुत सारे लोगों को हेय समझा जाता है। गंगा के मैदानी इलाकों में पसरे इस हिन्दू समाज में राजा और पुरोहित का गठजोड़ है। वे लोगों के श्रम का दोहन करते हैं और विलासिता का जीवन जीते हैं। शेष मनुष्य अपने मनुष्य होने के अधिकार से भी वंचित हैं। गीत देखिए :

1. *गंगा के बीच या समुद्र के बीच*
   बारह गोसाईं बैठे हुए हैं।
   गंगा के बीच या समुद्र के बीच
   बाईस ब्राह्मण बैठे हुए हैं।
   वे बैठे हुए बारह गोसाईं
   हे मित्र, क्या कर रहे हैं?
   वे आए हुए बाईस ब्राह्मण
   हे संगी, क्या कर रहे हैं? [14]

2. *कमल फूलवाली पोखरी लबालब भरी है।*
   तड़ए फूलवाला बाँध झलमल कर रहा है।

   कमल फूलवाली पोखरी किसके नहाने के लिए है?
   तड़ए फूलवाला बाँध किसके स्नान के लिए है?

   कमल फूल की पोखरी राजा के नहाने के लिए है।
   तड़ए फूलवाला बाँध ब्राह्मण के स्नान के लिए है। [15]

दिकू समाज में श्रम की प्रतिष्ठा नहीं है। श्रम करनेवाले, कारीगरी करनेवाले, कृषि-कर्म करनेवाले दिन-रात अपमानित किए जाते हैं। श्रम का अवमूल्यन है उनकी सामाजिक व्यवस्था में। जो जितना ज्यादा श्रम करता है, उसे उतना ही प्रताड़ित और अपमानित होना पड़ता है। यहाँ उद्धृत गीत में एक श्रमिक की सामाजिक प्रताड़ना और अवमूल्यन का जिक्र करते हुए आदिवासी पुरखों ने उनकी सोच को उद्घाटित किया है :

जाओ जलिया, तुम्हारी माँ गाली बक रही है।
जलिया, तुम्हारी माँ गाली दे रही है।

जाओ जलिया, तुम्हारा बाप बिगड़ रहा है।
जलिया, तुम्हारा बाप बिगड़ रहा है।

जाओ जलिया, आँगन बुहारो
जलिया, आँगन बुहारो।
जाओ जलिया, गोबर फेंको
जलिया, गोबर फेंको।[16]

श्रम और संसाधनों के बेहिसाब अमानवीय दोहन और लूट के बावजूद उनके जीवन में सुख-शान्ति नहीं है। गरीब तो गरीब, दिकू समाज में उच्च श्रेणी का धनिक और प्रभु वर्ग भी सत्ता-सुख पर कब्जा बनाए रखने के लिए आपसी कलह, द्वेष और हिंसा की चपेट में है। उनके जीवन में आनन्द नहीं है। चाहे वह रंक हो या राजा—सभी परेशान हैं। सभी रो रहे हैं। किसी को तनिक भी चैन नहीं है। इसलिए कि उनका दर्शन मानवीय नहीं है। प्रकृति की अवहेलना और इनसानी गुणों को नकारने वाला दर्शन है :

हे राजा, तुम रो रहे हो,
किसलिए रो रहे हो?
हे रानी, चिन्ता कर रही हो,
किसलिए चिन्ता कर रही हो?[17]

भारत में जब अंग्रेज आए तो उन्होंने सामन्तों से मिलकर, ब्राह्मणवाद से गठजोड़ करके शोषण-आधारित व्यवस्था को और मजबूत ही किया। यूनानी आर्यों और भारतीय आर्यों का दर्शन एक ही था। इसलिए स्वाभाविक रूप से उनमें दोस्ती भी होनी ही थी। अगर कुछ राजाओं ने औपनिवेशिक शासन का विरोध किया तो इसलिए नहीं कि दोनों में कोई दार्शनिक भेद था, बल्कि इसलिए कि उनमें समझौता नहीं हो सका। आदिवासी समाज ने दोनों की दर्शनिक अवस्थितियों को एक ही माना है, क्योंकि अंग्रेजों ने सामन्तों के साथ मिलकर तकलीफें बढ़ाईं। पुरखा लोग इस गीत में कहते हैं कि अंग्रेजों के आने से झारखंड की, देश की धरती हिल गई :

कलकत्ता के जो तिलंगे आए,
हे आजी, उन लोगों ने कहाँ डेरा डाला है?
शोरघाटी से जो साहब लोग आए थे,
हे आजी, उन लोगों ने कहाँ निवास किया?

राँची में जो मैदान है
उन्होंने वहाँ डेरा किया।
डुरंडा में जो मैदान है
वहाँ उन्होंने वास किया।
राँची में जो डेरा किया,
राँची मैदान काँप गया।
डुरंडा में जो वास किया
डुरंडा मैदान हिल गया। [18]

आर्यों के आगमन से लेकर औपनिवेशिक काल में अंग्रेजों के आने तक और देश को आजादी मिलने के बाद के काल में भी बाहरी समाज, प्रशासन और सरकार का चरित्र बदला नहीं है। वह अभी भी शोषण, असमानता, लैंगिक भेदभाव, नस्लीय-धार्मिक उत्पीड़न करने और आर्थिक लाभ के लिए जनसंहारों को अंजाम देने में लगा हुआ है। वह अपने ही बनाए अनुशासन, कानून और संविधान नहीं मानता। वह प्रकृति के सन्देशों को भी सुनने के लिए तैयार नहीं है। लोभ-लालच से जब वह अपना काम नहीं निकाल पाता, घात लगाकर मार डालता है :

नदी के किनारे हे कंङ्की पंछी,
तुम मेढकी या मेढक की घात लगाए हो।
नाले के पास हे कंङ्की पंछी,
तुम मेढकी या मेढक की घात लगाये हो। [19]

दुनिया का हर समुदाय या यूँ कहें कि प्रकृति का हर जीव-जगत जीने के लिए अपने आस-पड़ोस के लोगों और परिवेश को समझने की कोशिश करता है, ताकि वह उनसे संगति बिठाकर प्रकृति के अनुशासन और सृष्टि के जीवन-चक्र को बनाए रखने में अपनी सार्थक भूमिका निभा सके। पुरखा आदिवासियों ने इसी उद्‌देश्य से बाहरी समाज को समझने की कोशिश की। सृष्टि-प्रदत्त ज्ञान और अपने अनुभवों के आलोक में उन्होंने दिकू समाज के व्यवहारों का सूक्ष्मतर विश्लेषण किया। उनके जीवन-दर्शन को समझने की हर सम्भव कोशिश की। इसमें वे सफल रहे। आनेवाली पीढ़ियों तक वे अपने निष्कर्षों को पहुँचा सकें, इसके लिए उन्हें गीतों-कहानियों में सहेजा। अफसोस, हम उनकी समझदारी तक पहुँच नहीं पाए और पुरखा-दृष्टि से जीवन-समाज को समझने की बजाय उनके सोच-विचार और जीने के तरीके में फँस गए।

सन्दर्भ

1. जगदीश त्रिगुणायत : बाँसरी बज रही, बिहार राष्ट्रभाषा परिषद, पटना, 1970, पृ. 69-71
2. उपरोक्त, पृ. 71
3. उपरोक्त, पृ. 77
4. उपरोक्त, पृ. 499
5. उपरोक्त, पृ. 507
6. उपरोक्त, पृ. 195
7. उपरोक्त, पृ. 193
8. उपरोक्त, पृ. 193
9. उपरोक्त, पृ. 155
10. सेम तोपनो : म्यूजिकल कल्चर ऑफ द मुंडा ट्राइब, कांसेप्ट पब्लिशिंग, दिल्ली, 2004, पृ. 366
11. जगदीश त्रिगुणायत : बाँसरी बज रही, पृ. 485
12. उपरोक्त, पृ. 149
13. सेम तोपनो : म्यूजिकल कल्चर ऑफ द मुंडा ट्राइब, कांसेप्ट पब्लिशिंग, दिल्ली, 2004, पृ. 369
14. जगदीश त्रिगुणायत : बाँसरी बज रही, बिहार राष्ट्रभाषा परिषद, पटना, 1970, पृ. 143
15. उपरोक्त, पृ. 231
16. उपरोक्त, पृ. 477
17. उपरोक्त, पृ. 205
18. उपरोक्त, पृ. 195
19. उपरोक्त, पृ. 499